Le dernier ami de Jaurès

Tania Sollogoub

Le dernier ami de Jaurès

Worterklärungen von
Danielle Rambaud

Ernst Klett Sprachen
Stuttgart

1. Auflage 1 ⁵ ⁴ ³ ² ¹ | 2019 18 17 16 15

Alle Drucke dieser Auflage sind unverändert und können im Unterricht nebeneinander verwendet werden.
Die letzte Zahl bezeichnet das Jahr des Druckes. Das Werk und seine Teile sind urheberrechtlich geschützt. Jede Nutzung in anderen als den gesetzlich zugelassenen Fällen bedarf der vorherigen schriftlichen Einwilligung des Verlags. Hinweis zu § 52 a UrhG: Weder das Werk noch seine Teile dürfen ohne eine solche Einwilligung eingescannt und in ein Netzwerk eingestellt werden. Dies gilt auch für Intranets von Schulen und sonstigen Bildungseinrichtungen. Fotomechanische oder andere Wiedergabeverfahren nur mit Genehmigung des Verlags.

Autorin der Worterklärungen: Danielle Rambaud

Redaktion: Anne-Sophie Guirlet-Klotz
Layoutkonzeption: Elmar Feuerbach
Gestaltung und Satz: bostext, Friolzheim
Umschlaggestaltung: Andreas Drabarek
Titelbild: ullstein bild (Photo12 / Hachedé) + ullstein bild (Photo12 / Photosvintages), Berlin + Shutterstock (STILLFX), New York
Autorenfoto S. 157: Julia Raimbault
Druck und Bindung: AZ Druck und Datentechnik GmbH, Heisinger Straße 16, 87437 Kempten/Allgäu
Printed in Germany

ISBN 978-3-12-592305-8

Pour mes grands-parents, Paul et Paulette Jandot,
l'ouvrier tourneur et la couturière

Pour Geneviève, Chloé et Sophie,
les bonnes fées de la rue de la Gaîté

Pour André, à La Folie

2 **un ouvrier tourneur** Drechsler – 2 **une couturière** Schneiderin

« Oh ! Je ne demande pas aux jeunes gens de venir à nous par mode. […] Mais je demande à tous ceux qui prennent au sérieux la vie, si brève même pour eux, qui nous est donnée à tous, je leur demande : qu'allez-vous faire de vos vingt ans ?
5 Qu'allez-vous faire de vos cœurs ? Qu'allez-vous faire de vos cerveaux ? »

Jean Jaurès, janvier 1914

Table des matières

I

LA RUE DU POT-DE-FER

Prologue

La Main noire

Les toits de Sarajevo sont bas et en petites tuiles rouges. On
aperçoit la montagne au bout de chaque rue. La plus belle
5 saison, c'est au printemps, quand les parfums des hauteurs
descendent sur la ville. Mais ce jour-là le printemps de Sarajevo
a l'odeur rance des empires malades.

    Des conspirateurs attendent, cachés un peu partout. Des
hommes jeunes, en sueur et en colère. Ils ont vingt ans mais ils
10 posent des bombes parce qu'ils ne savent pas comment changer
le monde autrement. Ils sont tous membres de la Main noire,
une société secrète qui travaille à l'effondrement de la vieille
monarchie d'Autriche-Hongrie et au rattachement des Serbes de
Bosnie au royaume serbe. Hier, ils ont juré d'assassiner le futur
15 empereur, l'héritier, l'archiduc François-Ferdinand, qui vient
passer en revue les troupes à Sarajevo. Ils ont aussi juré de se
tuer après l'attentat.

    Mais derrière les Serbes, il y a le tsar de Russie, qui protège
tous les Slaves d'Europe, et les Français qui sont alliés avec les
20 Russes. Derrière les Autrichiens, il y a le Kaiser, Guillaume II,
l'empereur caractériel, et les Italiens, alliés des Allemands. Tout
commence à Sarajevo et tout y finit aussi : cette Europe-là est
déjà morte.

---

3 **une tuile** Ziegel – 7 **rance** qui sent mauvais – 8 **un conspirateur** qn qui prépare un
complot – 9 **en sueur** f verschwitzt – 12 **un effondrement** fig le fait de tomber en
ruines – 14 **jurer** ici : promettre – 14 **assassiner qn** tuer qn – 15 **un héritier** Erbe –
15 **un archiduc** Erzherzog – 16 **passer en revue les troupes** inspecter l'armée qui se
présente – 21 **caractériel** dont le caractère est très instable

Mehmed Basic est posté au premier étage d'une maison.
À 10 h 15, le cortège passe devant lui mais il ne réussit pas à
tirer car la foule est trop dense. Il s'enfuit. Le second, Nedeljk
Cabrinovic, a plus de chance. Il lance une bombe sur le carrosse
5 *royal. C'est compter sans le courage de François-Ferdinand.*
L'archiduc saisit la bombe et la jette en arrière. Elle explose en
blessant six personnes dans la foule ainsi qu'un officier. On
s'arrête. La panique est totale. Pendant ce temps, Cabrinovic
avale une pilule de cyanure et saute dans la Miljacka. Mais
10 *il vomit le cyanure et il oublie que la rivière n'est pas assez*
profonde à cette saison ! La foule le repêche, il n'est pas majeur,
c'est un jeune typographe.

Dans la résidence du gouverneur, François-Ferdinand donne
libre cours à sa colère : le voyage est mal préparé, les rues ne
15 *sont pas sécurisées, c'est un piège ! Il est cependant trop tard*
pour tout annuler, car la monarchie y perdrait la face. Le
convoi repart donc lentement. Mais le futur empereur se penche
soudain vers son chauffeur et lui demande de faire demi-tour.
Il veut aller voir les victimes de l'attentat à l'hôpital. Le cocher
20 *a du mal à reculer à cause de la foule. Au même moment, un*
autre membre du complot, un étudiant, Gavrilo Princip, est
parti déjeuner. Il a entendu la bombe de Cabrinovic et pense
que l'attentat a réussi. Or il aperçoit le cortège près du vieux
pont Latin, à l'angle des rues François-Joseph et Rudolf ! Une
25 *coïncidence… C'est ma chance, se dit Gavrilo. Il court derrière*
les carrosses en rechargeant son revolver, un browning presque
neuf. François-Ferdinand est dans son champ de vision.
L'étudiant tend le bras comme on le lui a appris et tire deux fois.
L'histoire bascule.

2 **un cortège** (Fest)Zug – 3 **dense** *ici* : compact – 3 **s'enfuir** partir en courant – 4 **un carrosse** une belle voiture tirée par des chevaux – 6 **saisir qc** prendre qc dans sa main – 7 **blesser qn** jdn verletzen – 11 **repêcher qn** sortir qn de l'eau – 11 **majeur** qui a plus de 18 (à l'époque 21) ans – 13 **une résidence** là où qn habite – 13 **donner libre cours à qc** *fig* laisser sortir qc – 15 **un piège** Falle – 16 **perdre la face** *fig* das Gesicht verlieren – 17 **se pencher** sich vorbeugen – 18 **soudain** tout à coup – 18 **faire demi-tour** retourner là d'où vient – 19 **le cocher** le chauffeur qui conduit les chevaux – 20 **reculer** aller en arrière – 26 **recharger un revolver** remettre une balle dans un revolver – 29 **basculer** *fig* kippen

L'héritier d'Autriche-Hongrie reste assis sur le siège de son
carrosse. Il se tient parfaitement droit. À le voir ainsi, il est
impossible de croire qu'il ait pu être touché. Pourtant il a la
carotide tranchée par la balle de Gavrilo. Comprend-il ce qui se
5 *passe ? Peut-on entendre son cœur cesser de battre quand on est*
presque mort ? La seconde balle a été pour la grande-duchesse
Sophie, qui l'a reçue dans l'abdomen. Elle accompagne toujours
son mari dans ses déplacements. Elle s'est écroulée sur son
épaule, en sang. Tout le monde les a vus échanger quelques
10 *mots, lui, raide et encore assis, elle, presque partie, le visage*
tourné vers le ciel. Personne n'a compris ce qu'ils se sont dit.
Sophie est la seule femme que François-Ferdinand ait jamais
aimée, c'est même la seule qu'il ait jamais regardée. Mais elle
agonise à présent sur ses genoux sans qu'il puisse bouger, et en
15 *quelques minutes, sa veste d'apparat est recouverte du sang de*
sa femme. Ils meurent ensemble, un quart d'heure plus tard. La
guerre de 1914 commence par la fin d'une histoire d'amour.

À Paris, il fait très beau. Ce jour-là, le Conseil des ministres
évoque à peine l'Autriche, et cela n'intéresse pas plus les
20 *journaux. Un seul homme comprend ce qui est en train de se*
passer. Depuis quelques instants, Jean Jaurès est enfin seul dans
les bureaux de L'Humanité. Tous les journalistes sont descendus
manger à La Chope et le « Patron », comme on l'appelle, est
tranquille. Il a posé sa veste de velours sur le dossier d'une
25 *chaise et retroussé ses manches. Il frotte sa barbe avec son*
poignet, se lève pour ouvrir la fenêtre, fait quelques pas et parle
tout seul. Allons, allons, marmonne-t-il… Il s'assoit, écrit trois
phrases, les raye, se relève. C'est une journée importante. Il faut
trouver les mots justes.

---

4 **la carotide** l'artère de la gorge – 4 **trancher** couper net – 5 **cesser de** arrêter
de – 8 **s'écrouler** tomber tout à coup – 9 **une épaule** Schulter – 10 **raide** *ici :* tout
droit – 14 **agoniser** mourir lentement – 14 **à présent** maintenant – 14 **un genou**
Knie – 15 **d'apparat** *m* pour une cérémonie officielle – 19 **évoquer qc** parler un peu
de qc – 22 **l'Humanité** *journal socialiste (communiste à partir de 1920) fondé en
1904 par Jean Jaurès* – 25 **retrousser ses manches** *fpl* Ärmel hochkrempeln – 26 **un
poignet** l'articulation entre la main et le bras – 27 **marmonner** parler de façon
incompréhensible – 28 **rayer qc** etw durchstreichen

« *Vous faites dans la décoration, Jaurès ! Trop de style ! Trop de bons sentiments ! lui disait toujours M. Germa, son professeur de français au collège. Faites plutôt dans l'honnêteté et dites-nous ce que vous avez au fond des tripes ! De la sincérité,*
5 *mon ami, c'est la seule chose qui compte en écriture ! De la sincérité !* »

Jaurès sourit. M. Germa doit être mort à présent.

Alors il se lève et lit son texte à voix haute devant le fantôme de son vieux professeur… Il lui parle de l'Autriche, des Serbes,
10 *des Russes, et de cette violence qui couve à l'autre bout de l'Europe. Il lui parle en tremblant du monde meilleur qu'il veut construire. Il s'arrête un instant pour respirer. Et les gens, que vont-ils en penser ? À nouveau la main dans la barbe. Bien sûr. Écrire pour ceux que l'on aime et leur dire la vérité : voilà la*
15 *seule façon d'exister honnêtement. Les gens ? Eh bien, oui. Les provinciaux, les paysans, les ouvriers, les mineurs, les sans-voix, les oubliés… Et puis aussi les instituteurs, les professeurs et tous les messieurs Germa de la terre ! Ceux qui ne mentent pas. Ceux qui savent encore aimer et donner. Le Patron sourit à nouveau.*
20 *Il ferme les yeux. Lui revient soudain une odeur de lavande. Les gens là-bas, chez lui. Dans le Tarn.*

Avec l'été qui s'installe, les Grands Boulevards deviennent de plus en plus bruyants. Jaurès prend sa plume, enfin apaisé. Deux jeunes filles passent en riant sous les fenêtres du journal.
25 *Elles se tiennent par la main. Il commence à rédiger. Pour parler à tous les gens honnêtes.*

« *L'orient de l'Europe restera un abattoir, écrit-il, où au sang du bétail se mêlera le sang des bouchers, sans que rien d'utile ou de grand ne germe de tout ce sang répandu et confondu… »*

---

4 **au fond des tripes** *fpl fig* vraiment en soi – 8 **un fantôme** Gespenst – 10 **couver** être près d'exploser – 11 **trembler** zittern – 16 **un mineur** Bergmann – 17 **un instituteur** un professeur de l'école primaire – 20 **une odeur** Geruch – 21 *le Tarn département du sud de la France* – 23 **bruyant** → le bruit – 23 **apaisé** devenu calme – 27 **un abattoir** Schlachthof – 28 **le bétail** Vieh – 28 **se mêler** se mélanger – 28 **un boucher** Metzger – 29 **germer** naître pour une plante – 29 **répandu** qu'on a fait couler – 29 **confondu** qui se mélange

Chapitre 1

Paul est allongé sur le dos et contemple les trois taches d'humidité familières sur le plafond gris, au-dessus de son lit. Il sourit. Elle s'appelle Madeleine. Elle habite une grande
5   maison blanche, dans le Vᵉ arrondissement, rue du Pot-de-Fer. Hier encore il ne la connaissait pas. Madeleine…
Derrière le rideau qui cache son lit, il regarde sa mère, Catherine, faire sa toilette à l'eau froide en plongeant une éponge dans un plat de porcelaine bleue. Elle sursaute quand
10 l'eau est trop fraîche mais se frictionne vigoureusement. Parfois, Paul aperçoit l'un de ses seins sous un bras. Son ombre, sur le mur de la mansarde, est immense.
Catherine essaie de ne pas faire de bruit mais malgré elle, à cause du matin frais et des premières lueurs de l'aube, elle
15 fredonne un air que les gars de son village chantaient quand ils faisaient les foins. Elle part toujours très tôt porter les premiers cageots de légumes sur le marché de la rue de la Gaîté. Mais elle aime quand le soleil n'est pas encore levé. Elle a allumé une bougie posée devant la lucarne, dont la lumière
20 se reflète sur la vitre ronde.

---

2 **contempler qc** regarder longuement qc avec attention – 3 **l'humidité** *f* Feuchtigkeit –
7 **un rideau** Vorhang – 8 **faire sa toilette** se laver – 9 **une éponge** Schwamm –
9 **sursauter** zusammenzucken – 10 **se frictionner vigoureusement** sich kräftig
abreiben – 11 **un sein** Brust – 12 **une mansarde** une petite pièce sous les toits – 14 **une
lueur** une légère lumière – 14 **l'aube** *f* quand le soleil apparaît le matin – 15 **fredonner**
chanter – 16 **faire les foins** *mpl* Heu machen – 17 **un cageot** une caisse – 19 **une
lucarne** une petite fenêtre sur le toit – 20 **se refléter** sich widerspiegeln – 20 **une vitre**
Glasscheibe

Paul la regarde tous les matins. Il la regarde avec le même plaisir que l'eau de la Seine ou le toit des maisons quand la pluie d'hiver les fait briller. Des mots lui viennent au bout des lèvres et des doigts. Il a parfois l'impression d'étouffer de
5 bonheur. Il croise les bras sous sa nuque. Madeleine.

Sur le plafond, les trois taches rondes s'éclairent. Paul tend le bras droit en l'air et fait jouer ses muscles comme s'il ne les avait jamais vus. Je veux poser mes mains sur ses hanches. Je veux sentir l'odeur de son cou. Il referme la main et
10 enfonce ses ongles dans sa paume jusqu'au sang. La douleur le soulage. Mais à nouveau l'air lui manque. Ce n'est pas seulement le désir, c'est une impression folle de pouvoir tout conquérir.

Hier, Jules est passé en fin d'après-midi, comme tous les
15 samedis. Le gros Jules, le fils du boucher, avec ses mains rouges et son ventre en avant, qu'il trimballe lourdement comme un homme, le gros Jules avec sa démarche en canard et ses idées toutes faites qu'il ramasse le long des trottoirs.

– Tu viens ? a-t-il dit. On va se balader au Luxembourg avec
20 Louis et Antoine !

– Ne rentre pas trop tard, a grommelé Catherine.

Comme toujours, les quatre amis de la Gaîté se sont retrouvés au P'tit Zinc, le café en bas de la rue. Autour d'eux, les Parisiens se détendaient. Les gens fumaient les yeux
25 fermés.

---

3 **briller** schimmern – 4 **étouffer** ne plus pouvoir respirer – 5 **la nuque** Genick – 8 **une hanche** Hüfte – 9 **le cou** Hals – 10 **enfoncer** *ici :* hineindrücken – 10 **la paume** l'intérieur de la main – 11 **soulager qn** aider qn à avoir moins mal – 13 **conquérir** erobern – 15 **un boucher** Metzger – 16 **trimballer qc** *fam* porter qc de gros et lourd – 17 **une démarche** une façon de marcher – 19 **le (jardin du) Luxembourg** *grand jardin public parisien* – 21 **grommeler** brummeln – 24 **se détendre** oublier le travail, le stress…

À dix-sept ans passés, Louis, le plus âgé des trois, allait être mobilisable à l'automne. Il était beau gosse, avec de solides allures d'ouvrier, la mâchoire carrée, la casquette de travers et la cigarette coincée derrière l'oreille. Il travaillait depuis cinq
5 ans aux usines de Billancourt. Mais, depuis quelques mois, il allait chaque soir à *L'Étendard*, un journal de la rue de la Roquette, où il apprenait en même temps la typographie et l'anarchie. Et Louis n'était déjà plus le même : il était entré en politique comme on aime parfois une femme, de tout son
10 cœur et de toute son âme. Il voulait changer le monde.

Ce jour-là, il était très excité. Il venait d'apprendre la mort de l'archiduc.

– Ni Dieu ni maître, disait-il. Le tsar, le Kaiser, l'empereur ? Fini tout ça ! Le pouvoir au peuple !
15 Et, tout en tapant du pied sur la terrasse en bois du P'tit Zinc, il sifflotait la vieille chanson des anarchistes, celle que Ravachol chantait au pied de son gibet : « Si tu veux être heureux, nom de Dieu, pends ton propriétaire… » un homme en costume se retourna avec colère.
20 – Imbécile, dit-il.

Louis sourit. Il fit exprès de parler plus fort.

– Et chez nous, on tuera les bourgeois ! Ils y passeront tous, nom de Dieu ! On va enfin faire la révolution, mes amis.

– Mais qu'est-ce qui te prend ? s'exclama Jules en s'étouffant
25 à moitié dans sa limonade. Je n'ai pas envie de faire la révolution, moi ! Et il en faudra toujours des gars pour diriger les autres ! Même en république !

---

2 **mobilisable** qui peut être envoyé à la guerre – 2 **beau gosse** *fam* un beau jeune homme – 3 **une allure** un air – 3 **une mâchoire** Kiefer – 3 **de travers** ≠ droit – 4 **coincé** bloqué par qc – 5 **Billancourt** commune au nord de Paris connue pour ses usines automobiles – 10 **une âme** Seele – 15 **taper du pied** marquer le rythme avec son pied – 16 **siffloter** pfeifen – 17 *François-Claudius Koënigstein dit „Ravachol" (1859–1892) militant anarchiste, auteur de crimes et d'attentats* – 17 **un gibet** Galgen *ici :* une guillotine – 18 **nom de Dieu** *fam* Fluch – 18 **pendre** aufhängen – 21 **faire exprès** faire qc par provocation – 22 **un bourgeois** *ici :* qn qui ne travaille pas de ses mains et qui possède des biens – 22 **y passer** *fam* mourir

– La république aussi, il faudra l'abattre, murmura Louis d'un ton fiévreux. Si je pouvais, je jetterais demain une bombe sur le Parlement.

Il poussa brusquement sa tasse et se pencha vers les trois autres :

– L'assassin de l'archiduc avait dix-neuf ans, paraît-il…

– Arrête, cette fois tu dis n'importe quoi, le coupa Antoine. Parfois tu me fais peur.

– Ce n'est pas moi qui suis dangereux ! rétorqua Louis avec colère. On est en marche vers la guerre mais on ne le dit pas aux gens. Parce qu'on n'effraie pas le bétail avant de l'envoyer à l'abattoir… Viens donc au journal, tu comprendras la vérité.

Il saisit la main de son ami. Il avait les yeux brillants.

– Dis-moi, mon vieux, tu ne sens vraiment pas ce qui est en train de se passer ? Tu ne comprends pas à quel point les gens n'en peuvent plus de ce monde-là ?

Antoine haussa les épaules.

– Je n'y crois pas, Louis. On n'est plus en 1789 !

– Les députés nous conduiront à la guerre sans que personne ne les arrête, gronda Louis, même pas les socialistes.

– Et alors ? l'interrompit Jules. Ce serait le meilleur moyen de récupérer l'Alsace et la Lorraine, non ?

Il se mit à fredonner un air qu'ils connaissaient tous, qu'on entendait depuis vingt ans dans les écoles, dans les rues, et même dans les chemins de campagne, un air qui parlait d'Allemagne, de France et de revanche.

– Si c'est la mobilisation qui t'inquiète, Louis, il ne faut pas, poursuivit Jules. Mon père a un client qui s'y connaît, un colonel, et ce type-là nous a dit qu'à l'automne on aurait déjà bouffé les moustaches de Guillaume II !

---

1 **abattre qc** faire tomber qc – 6 **un assassin** qn qui a tué qn d'autre – 6 **paraît-il** angeblich – 9 **rétorquer** répondre très vite – 11 **effrayer qn** faire peur à qn – 17 **hausser les épaules** fpl mit den Achseln zucken – 20 **gronder** brummen – 28 **poursuivre** ici : continuer à parler – 30 **bouffer** fam manger – 30 **les moustaches** fpl Schnurrbart

Paul les écoutait à peine. Il se balançait doucement sur sa chaise et fermait les yeux à demi. Et moi ? pensait-il. De quoi ai-je donc envie ? Pourquoi est-ce que je n'arrive pas à m'intéresser à tout cela ?

5 Malgré lui, tandis que ses amis discutaient de l'avenir du monde, il ne pouvait s'empêcher de regarder la couleur du ciel au-dessus des toits. Il imaginait la façon dont le verrait un garçon du même âge, à l'autre bout du monde, exactement au même moment. Paul rêvait. Et il se disait qu'il devait bien
10 exister quelque part des mondes sans guerre ni révolution.

---

1 **à peine** kaum – 1 **se balancer** hin und her schaukeln – 5 **malgré soi** sans le vouloir vraiment

Chapitre 2

Ce samedi-là, les garçons étaient restés tout l'après-midi au Luxembourg, jusqu'aux premiers coups de sifflet qui se faisaient écho, d'allée en allée. Les gardiens hurlaient tant
5 qu'ils pouvaient, heureux de reprendre enfin le jardin aux bourgeois.

– Il va falloir que je rentre, dit Paul.

– Quand même, elle est dure, ta mère, murmura Antoine.

– Tu sais bien… répondit Paul en haussant les épaules.

10 Mais soudain Jules s'arrêta. Un petit garçon venait de le bousculer. De la glace à la fraise coulait sur son menton.

– Attendez ! Je sais ce qu'on va faire !

– Ah oui ? répondit Louis, goguenard.

– Si on allait voir des filles ?

15 Les trois autres se retournèrent, surpris. Jules ne les avait pas habitués à ce genre d'initiative.

– Qu'est-ce qui te prend ? Tu l'as trouvée tout seul, cette idée-là ?

Jules baissa la tête. L'idée venait de son frère aîné.

20 – Ce que je veux dire, bafouilla-t-il, c'est qu'il y a des filles pas très loin. Ou plutôt il y a juste une fille. Mais on peut la regarder le soir dans sa chambre…

– Qu'est-ce que c'est que cette histoire, Jules ?

---

3 **un sifflet** Trillerpfeife – 4 **hurler** crier – 11 **un menton** Kinn – 13 **goguenard** en se moquant de l'autre – 19 **baisser la tête** *ici :* regarder vers le bas parce qu'on est gêné – 19 **aîné** plus vieux – 20 **bafouiller** stammeln

Louis passa sa main d'avant en arrière sur son crâne. Paul, oubliant l'heure, dit pourquoi pas ? Et Antoine se racla trois fois la gorge avant de demander :

– Elle est où, cette fille ?

5 – Pas loin d'ici, rue du Pot-de-Fer.

Dix minutes plus tard, les quatre amis étaient installés sur un muret, en face d'une belle maison bourgeoise, une maison blanche, entourée d'une grille et de quelques arbres. La rue était en pente et les arbres ne suffisaient pas à cacher 10 la façade. On voyait bien les fenêtres du premier étage. Le jour était presque tombé et les garçons riaient nerveusement. Peu à peu, toutes les pièces de la maison s'éclairèrent. Dans la rue, il n'y avait plus que la lueur d'un réverbère et la cigarette de Louis qui brillait dans l'obscurité. Les trois autres se la 15 passaient lentement. Jules bâilla. Cela les fit rire à nouveau.

– Il serait capable de s'endormir au bordel, celui-là, murmura Louis.

– Tais-toi, dit soudain Paul.

Une fille était apparue à l'une des fenêtres. Ils retinrent leur 20 souffle. Difficile de lui donner un âge, elle était de dos, peut-être seize ou dix-huit ans. On l'apercevait entre deux lourds rideaux de velours rouge, alors qu'elle se pensait protégée par les arbres de la cour. Elle portait juste une chemise de lin, et ses cheveux bruns dénoués lui arrivaient presque à la taille. 25 Sa chevelure était lourde comparée à la finesse de son cou. Elle s'approcha de la fenêtre, l'ouvrit et sortit sur le balcon. Elle s'appuya de tout son corps sur la rambarde de fer forgé et se balança quelques instants au-dessus du jardin, à la limite de la chute, comme si elle avait voulu sauter, ou s'envoler, 30 ou mourir peut-être… Ensuite elle recula d'un pas et regarda

---

2 **se racler la gorge** sich räuspern – 7 **un muret** un petit mur – 8 **une grille** Gitter – 9 **être en pente** ansteigen – 13 **un réverbère** une lampe dans la rue – 15 **bâiller** gähnen – 19 **retenir son souffle** s'arrêter de respirer – 23 **le lin** Leinen – 24 **dénoué** pas attaché – 25 **la chevelure** les cheveux – 25 **la finesse** Zierlichkeit – 27 **s'appuyer** *ici :* sich anlehnen – 27 **une rambarde** ce qui empêche de tomber du balcon – 27 **le fer forgé** Schmiedeeisen – 29 **une chute** le fait de tomber – 29 **s'envoler** abfliegen

longuement le ciel en frissonnant, se croyant seule avec ses rêves et ses désirs. La lumière de sa chambre dessinait son corps sous sa chemise légère. Elle aurait facilement pu les voir tous les quatre, à quelques mètres, qui ne faisaient plus les
5 fiers… Mais la nuit les protégeait et la jeune fille retourna dans sa chambre.

– Putain, elle est belle, murmura Louis.

Et même Jules, d'ordinaire surtout préoccupé des plats en sauce que lui mijotait sa mère, même lui se sentit touché par
10 une beauté qui le dépassait.

– Paraît qu'elle s'appelle Madeleine, dit-il d'une voix étranglée. Mon frère est copain avec le cuisinier de la maison.

Elle fit quelques pas dans sa chambre, puis se retourna, leva les bras comme les ailes d'un cygne, et enleva sa chemise
15 qu'elle jeta sur son lit. Elle avait besoin d'être nue dans la nuit. Elle avait besoin d'être vivante.

– Nom de Dieu, dit Antoine.

Madeleine… pensa Paul. Elle tournait sur elle-même. Elle souriait. Elle dansait. Elle avait posé ses deux mains sur ses
20 hanches, avait étalé ses cheveux sur son dos, et elle dansait à présent nue devant eux, devant Paris, elle tournait les yeux fermés, haletante, à la limite du déséquilibre.

Madeleine était un phare dans la nuit, dans leur nuit. Ses seins, leur bout rose, son sexe sombre, son cou, ses épaules,
25 ses jambes, ses cuisses. Les quatre amis voyaient tout cela à la fois. Elle s'arrêta enfin, posa l'une de ses mains sur son ventre, essoufflée. Paul ferma les yeux, cela faisait trop d'images.

---

1 **frissonner** schaudern – 4 **faire le fier** *fig* être courageux et sûr de soi – 7 **putain** *fam* Mensch – 8 **d'ordinaire** normalement – 8 **préoccupé par qc** qui pense beaucoup à qc – 9 **mijoter qc** préparer longtemps et avec amour un plat – 10 **dépasser qn** *fig* être trop impressionnant pour qn – 11 **une voix étranglée** une voix pleine d'émotion, qu'on entend mal – 14 **un cygne** Schwan – 15 **nu** sans aucun vêtement – 20 **étaler qc** etw ausbreiten – 22 **haletant** keuchend – 22 **le déséquilibre** ≠ l'équilibre (Gleichgewicht) – 23 **un phare** Leuchtturm – 24 **le bout (des seins)** Brustwarze – 25 **une cuisse** Schenkel – 27 **essoufflé** qui respire comme qn qui a trop couru

Puis, sans même s'en rendre compte, il grava pour toujours la silhouette de Madeleine dans sa mémoire. Il récitait son corps. Il l'apprenait, la respirait, la caressait. Peut-on vraiment aimer ainsi ? Peut-on aimer si subitement et avec tant de
5 certitude ?

– Quels seins… murmura enfin Louis.

– Mais tais-toi donc ! cria Paul en jetant sa cigarette par terre, sans se rendre compte du ton de sa voix.

Alors quoi ? se demanda-t-il. Alors je l'aime, et elle
10 m'aimera, et je vais l'enlever. Où donc ? Où vas-tu l'emmener, Paul ? Où vas-tu partir ? Mais c'est simple, en Amérique, à l'autre bout du monde ! Pour cela, il suffit de prendre un bateau. Il suffit d'aller la voir et de lui dire que les rêves partent de Marseille ou du Havre ou d'ailleurs. Comment feras-tu,
15 Paul ? Comment lui diras-tu ? Je ne sais pas. Je ne sais pas encore.

Elle remit sa chemise de nuit et commença à natter ses cheveux, assise sur le bord de son lit. Quand elle se coucha enfin, Paul voulut rester encore. Il fallut qu'Antoine le tire
20 jusqu'au bas de la rue.

– Allez, viens maintenant.

---

2 **réciter qc** répéter qc qu'on connaît par cœur – 3 **caresser** streicheln – 4 **subitement** tout à coup – 5 **une certitude** → certain – 7 **se taire** ne pas parler – 17 **natter** flechten

Chapitre 3

Catherine attendait son fils en lisant à la lueur d'une petite bougie. Elle était épuisée.

– Où es-tu encore allé traîner ? demanda-t-elle d'un ton
5 rogue.

Elle était trop fatiguée pour lui reprocher, comme d'habitude, de ne pas prendre la vie suffisamment au sérieux. Une belle saloperie, la vie, pensa-t-elle, il va falloir que Paul apprenne à se battre. Mais ce soir-là il y avait quelque chose
10 de changé en lui. Elle s'en rendit compte immédiatement. Que s'était-il passé ? Elle le regarda en silence. Il est beau mon gosse, pensa-t-elle, il est si beau… Que deviendrais-je sans lui ? Pourtant elle répéta durement :

– Où as-tu traîné ?
15 Paul ne répondit pas. Puis il dit, prenant un air hostile :

– C'étaient pas des bêtises…

Pour une fois, il aurait aimé lui raconter tout le reste. La couleur de la nuit, la peau blanche de cette fille et les étoiles au-dessus de sa vie. Il aurait voulu lui dire comme il était
20 heureux, lui parler de ses amis, de ses rêves, du petit mur en face de la maison blanche. Il l'aurait prise dans ses bras, il aurait été avec elle comme il ne l'avait jamais été. Maman, je t'aime ! Si tu savais comme je suis heureux à présent ! Elle

---

3 **épuisé** très fatigué – 4 **traîner** herumhängen – 4 **un ton rogue** une façon méchante, brutale de parler – 6 **reprocher qc à qn** jdm etw vorwerfen – 8 **une saloperie** *fam* Schweinerei – 9 **se battre** *ici :* sich durchkämpfen – 12 **un gosse** *fam* un enfant – 15 **hostile** *fig* prêt à la guerre

s'appelle Madeleine. Nous partirons en Amérique. Ensuite, tu nous rejoindras là-bas, n'est-ce pas ? Avec Antoine, Louis et Jules, et tu ne vendras plus jamais de légumes. Maman, j'ai tant de choses à te dire et depuis si longtemps.

5   Mais ça ne se passe jamais comme cela dans la vie. Paul et Catherine ne savent pas se parler. Ils n'ont jamais su.

– On mange quoi ? demanda-t-il seulement, les yeux pleins de larmes.

Catherine ne répondit rien. On ne pouvait pas dire qu'elle
10 était belle mais elle avait une sorte de force, une clarté dans le regard qui attirait les gens, une âme généreuse qui se devinait. Tout le monde la connaissait, rue de la Gaîté. On venait acheter les légumes chez elle. Cependant, elle pouvait être rude aussi, la vie l'avait faite ainsi. Catherine ne se rendait plus
15 compte quand elle attaquait, à force de se défendre. Quelle idée j'ai eu de faire un gosse ! répétait-elle sans cesse devant son fils. À quoi ça sert de mettre au monde un malheureux de plus ?

– Vous finirez tous comme des voleurs, rumina-t-elle.

20 Elle n'avait pourtant pas toujours été comme cela. Quand elle attendait son fils, elle était si heureuse avec son gros ventre, si heureuse de le sentir gigoter là-dedans. Un pied ? Un coude ? Elle touchait sans cesse les bosses que faisait l'enfant sous sa peau en essayant de le deviner. Ce sera un
25 garçon ! avait-elle dit dès le début, et elle lui parlait jusqu'à ce qu'il arrête de remuer. Elle lui disait des choses secrètes et importantes. Elle lui promettait qu'il était possible d'être heureux et qu'elle l'aimerait toujours.

Finalement, avoir ce gosse, c'était la meilleure chose qui lui
30 soit jamais arrivée. Il était si mignon, Paul. Il était sa merveille, sa soudaine raison de vivre. Elle en était folle. Mon fils, mon

---

10 **une clarté** → clair – 11 **attirer qn** donner à qn l'envie de venir vers soi – 14 **rude** derb – 15 **à force de faire qc** parce qu'on fait tellement qc – 16 **sans cesse** tout le temps – 19 **ruminer qc** *ici : fig* répéter qc pour soi – 22 **gigoter** bouger beaucoup – 23 **un coude** Ellbogen – 23 **une bosse** Beule – 26 **remuer** bouger – 30 **une merveille** un miracle, qc de magique

amour. Elle ne le lâchait pas. Au village, on ne se privait pas de se moquer d'elle, d'autant que personne n'avait jamais connu le père. « Les hommes ? On s'en fout ! » disait Catherine en riant. « On n'en a besoin qu'un seul soir ! »

5   C'était si doux de l'allaiter dans la paille, si doux de le promener sous les étoiles, de lui mettre le nez dans les fleurs. Tiens, mon fils, tu vois le ciel ? Tu sens ? Tu regardes ? Elle voulait tout lui dire, tout lui apprendre.

   Ensuite les choses se sont gâtées peu à peu, comme souvent
10 dans la vie. Sans travail au village, elle est montée à Paris et s'est durcie à la mesure de ses malheurs.

   – Ta mère, c'est pourtant pas une méchante femme, disait-on souvent à Paul dans le quartier. Elle est rude avec toi mais tu comprendras plus tard.

15   Certains soirs, quand son fils dort derrière le rideau, Catherine parle seule, la tête entre les mains.

   – Faut pas m'en vouloir, murmure-t-elle, faut pas m'en vouloir, mon Paul.

   Elle regarde ses paumes rougies par le travail et le froid.
20 Mais elle n'arrive plus à l'embrasser, même pendant son sommeil. Les baisers ont fait place aux silences.

   Pauvre Catherine, qui retient sa respiration pour l'écouter dormir. Peut-être qu'elle l'aime trop, son gosse, peut-être qu'ils avaient raison, les gars du village. Mais comment peut-
25 on aimer trop ? pense-t-elle. C'est la vie qui m'a faite comme ça. Tu comprends, mon fils ? C'est une sorte de colère au fond de moi…

   Ce soir-là, Paul est allé se coucher rapidement, avec son amour tout neuf, et Catherine s'est installée, comme
30 d'habitude, par terre sur son vieux matelas. La mansarde sentait encore la bougie qu'elle venait de souffler.

---

1 **ne pas se priver de faire qc** faire qc souvent et avec plaisir – 5 **allaiter (un bébé)** donner le sein / du lait à un bébé – 5 **la paille** Stroh – 9 **se gâter** aller mal tout à coup – 11 **se durcir** devenir plus dur, moins gentil – 21 **le sommeil** quand on dort – 21 **un baiser** quand on embrasse qn – 22 **retenir qc** etw zurückhalten

Dans l'obscurité, il cherchait les mots pour parler de
Madeleine, et elle lui rappela alors une statue du Louvre.
Il n'y était allé qu'une seule fois, parce que sa mère voulait
absolument lui montrer ce que vont voir les enfants des
5 bourgeois. Elle avait mis une jolie robe et ils avaient acheté des
beignets aux Tuileries. Cela avait été une belle journée.
　　Madeleine… elle a un corps de marbre ou d'ivoire ou
d'écume, se dit Paul. Une chose de ce genre, pour laquelle
il faut un mot unique et rare. Albâtre ! pensa-t-il soudain, la
10 fille d'albâtre ! Et il dessina le mot dans l'air, rond et blanc,
comme l'épaule claire de son bel amour. Puis, sans s'en rendre
compte, il s'endormit en quelques secondes, allongé sur le dos
et les bras étendus de chaque côté, tandis que d'ordinaire il
était recroquevillé comme un chaton.
15 　　Catherine se releva et s'approcha doucement. Elle entrouvrit
le rideau, elle sourit.
　　Il est si beau, mon fils… Mais elle pensait aussi à la guerre,
à cette drôle de guerre qui était en train de boucher l'horizon,
certains murmuraient même qu'elle pourrait éclater avant
20 la fin de l'été. Mais Paul est trop jeune, oui, beaucoup trop
jeune, même si tout le monde y va, même si tout le monde y
meurt, ce ne sera pas pour mon gosse, pas cette fois. Mallavec
a promis.

---

4 **absolument** unbedingt – 6 **un beignet** Krapfen – 6 **les Tuileries** *grand jardin qui
donne sur le musée du Louvre* – 7 **le marbre** Marmor – 7 **l'ivoire** *m* Elfenbein –
8 **l'écume** *f* Meerschaum – 9 **l'albâtre** *m* Alabaster – 13 **les bras étendus** mit
ausgestreckten Armen – 14 **recroquevillé** zusammengerollt – 14 **un chaton** un
bébé chat – 15 **entrouvrir qc** ouvrir un peu qc – 18 **boucher** fermer – 19 **éclater** *ici :*
commencer

II

LES BORDS DE MARNE

Prologue

Les vacances de Guillaume II

François-Joseph ne ressent aucune peine : il n'a jamais aimé
son neveu. Mais de la colère, oui. C'est le sentiment qui habite le
5 *vieil empereur autrichien en ce début de juillet 1914. Et même*
une immense colère à l'idée qu'un de ces bandits de Serbes ose
tirer sur un héritier des Habsbourg, en plein milieu d'une rue de
l'empire ! Cette Serbie est un cancer, se dit-il.
À Vienne, cependant, un autre homme se réjouit en secret.
10 *C'est Berchtold, comte von Ungarschitz, le ministre des Affaires*
étrangères des royaumes et provinces unies et l'un des hommes
les plus riches de l'empire. Berchtold n'est pas beau, il est
arrogant, il aime le pouvoir, les femmes et les chevaux. Mais
il est tellement heureux ce jour-là ! Il tient enfin l'occasion
15 *qu'il attendait depuis la paix humiliante de Bucarest de se*
venger des Serbes et même des Russes qu'il déteste tant. En fait,
Berchtold est heureux parce qu'il veut la guerre. SA guerre. Et
elle est à portée de main…
C'est le moment ou jamais, se dit-il, mais il faut que les
20 *Allemands marchent avec nous, sinon le vieil empereur*
autrichien aura trop peur pour faire les choses seul. Très vite,
il élabore son plan. D'abord convaincre François-Joseph

---

3 **ressentir de la peine** être triste – 4 **un neveu** le fils du frère ou de la sœur – 7 **tirer sur qn** auf jdn schießen – 8 **un cancer** *une maladie* Krebs – 9 **se réjouir de qc** être très content de qc – 11 **uni** vereinigt – 15 **la paix** Frieden – 15 **humiliant** demütigend – 15 **la paix de Bucarest** *traité de paix de 1913 qui met fin à la Seconde Guerre balkanique* – 15 **se venger** sich rächen – 18 **à portée de main** *fig* qu'on pourrait toucher, obtenir – 22 **élaborer un plan** préparer en détail un plan dans sa tête

d'envoyer un message au Kaiser, lui demandant son soutien
dans les actions entreprises pour régler l'affaire serbe. Mais
rester suffisamment flou dans la démarche, de telle sorte que
Guillaume II ne comprenne pas tout de suite ce qui est en train
5 *de se passer ni à quel point l'Allemagne sera engagée. Ensuite,*
envoyer un ultimatum au roi de Serbie, le rendant responsable
de l'attentat et lui imposant de collaborer à une enquête menée
par les Autrichiens sur son propre territoire. Quelque chose
d'inacceptable donc… Et, surtout, faire vite. Prendre de court le
10 *monde entier.*

En fait, François-Joseph se laisse convaincre facilement,
et Guillaume II reçoit sa lettre le 6 juillet. Il est en train de
déjeuner avec sa femme à Potsdam. Lui aussi est en colère, mais
c'est parce qu'il aimait bien François-Ferdinand. Ils chassaient
15 *souvent ensemble et parlaient de la belle Europe qu'ils allaient*
construire. Et puis Guillaume en a assez : il faut se débarrasser
des Serbes et tant mieux si l'Autriche s'en charge ! Depuis le
temps que nous en parlons, se dit-il… Et après tout, est-ce que
tout cela nous concerne ? Non. Que l'Autriche règle donc ce
20 *problème, nous ne nous y opposerons pas et cela ne remettra*
pas en question notre alliance !

En quelques heures et sans consulter ses conseillers,
Guillaume II donne donc un blanc-seing à Vienne pour agir.
Cela étant fait, il part tranquillement en croisière sur la
25 *mer Noire. Il n'est pas inquiet : les Russes ne sont pas prêts*
militairement, pense-t-il. Ils ne bougeront pas.

Guillaume II se trompe, et Berchtold le sait. Ce dernier
veut donc aller vite, plus vite encore. Il commence à rédiger
l'ultimatum qui barrera la route à la diplomatie.

---

1 **un soutien** Unterstützung – 3 **suffisamment** assez – 3 **flou** *ici :* ≠ précis – 3 **une démarche** une suite d'actions – 5 **à quel point** wie sehr – 7 **imposer à qn de faire qc** obliger qn à faire qc – 7 **collaborer à qc** aider à faire qc – 7 **une enquête** une recherche de criminels, de responsables – 9 **prendre qn de court** agir si vite que qn ne peut pas réagir – 13 **déjeuner** manger à midi – 16 **se débarrasser de qc** etw losverden – 17 **se charger de qc** faire soi-même qc qui doit être fait – 20 **s'opposer à qc** empêcher qc parce qu'on est contre – 23 **un blanc-seing** [blãsɛ̃] un accord signé en confiance totale avant même que le texte soit établi – 24 **une croisière** un long voyage en mer – 27 **se tromper** avoir tort (≠ raison) – 29 **barrer la route à qn/qc** *fig* bloquer qn/qc

Chapitre 4

Marcel le boucher est sorti ce matin dans la rue de la Gaîté en criant :

– Debout là-dedans ! Qui vient pêcher avec moi ?

5   Marcel fait peur à tous les gosses avec sa tête rouge et ses énormes pattes d'assassin, mais c'est pourtant un brave type. Ce qu'il aime le plus au monde, c'est la petite friture du dimanche, près de la Marne, et les cuisses blanches de Josette, sa femme, quand elle s'endort au bord de l'eau. Certains jours,
10 Marcel sort de sa chambre froide, les mains pleines de sang, simplement pour regarder Josette toute ronde à son comptoir. Elle fait semblant de ne pas le remarquer… Mais aujourd'hui il est comme les autres. Avec cette guerre qui commence à gronder au fond de l'air, il a juste envie de vivre, et même une
15 sacrée envie de vivre.

– Alors la pêche ? hurle-t-il à tue-tête, dans la rue encore endormie.

– J'en suis ! crie Lucien à l'autre bout de la Gaîté, en ouvrant ses volets.

20 Lucien est cheminot. Il met du charbon dans les soutes sur la ligne Paris-Quimper. « J'emmène les trains au bord de la mer ! » dit-il souvent en souriant.

---

6 **une patte** *fig* Pfote – 6 **un brave type** qn de vraiment gentil – 7 **une friture** *ici :* des petits poissons cuits dans l'huile – 8 **la Marne** *rivière qui se jette dans la Seine près de Paris où les parisiens passaient leurs dimanches* – 12 **faire semblant** faire comme si – 15 **sacré** *fam* verdammt – 16 **à tue-tête** si fort qu'on en a mal aux oreilles – 19 **un volet** Fensterladen – 20 **un cheminot** qn qui travaille dans les trains – 20 **le charbon** Kohle – 20 **une soute** (Kohlen)Bunker

– Moi aussi ! fait en écho Étienne, le peintre, qui revient de prendre son café noir au P'tit Zinc.

Et puis suivent tous les autres, les amis, les voisins, tous ceux de la Gaîté. Ça fait une sacrée troupe !

5 Une heure plus tard, les voilà partis. Les hommes ont mis des casquettes et les femmes portent des jupes à fleurs.

Sur la route de la gare viennent d'abord Lucien et Suzanne, qui marchent devant en se tenant par la main comme des amoureux de vingt ans, alors qu'ils en ont presque soixante.
10 Mais personne n'en rit, parce que cela fait tellement de bien de les voir s'aimer. Ils habitent tout en haut de la rue de la Gaîté, près de l'avenue du Maine. Suzanne est couturière. Elle a de longs cheveux blancs qu'elle tord en chignon comme une jeune fille, des yeux verts, une belle allure encore.
15 Paul a passé une grande partie de son enfance dans l'atelier de couture de Suzanne et il aime encore y aller. Dès que sa mère part au travail, il dévale la Gaîté en courant, à perdre haleine, pour ne pas rater sa Suzon avant que les premiers clients n'arrivent chez elle. Elle l'attend. Et Lucien aussi, qui
20 prépare une tasse de chocolat noir, au fond de l'atelier, à côté de la cour. Dans celle-ci, il y a un rosier que Suzanne cultive en pot. Cela sent bon dans tout l'appartement, une odeur de chocolat, de soie, de roses et de femmes. Ils ne se disent pas un mot tous les trois, sauf des choses du genre : « Tu en veux
25 encore ? » ou bien : « Il va faire froid aujourd'hui… » Paul, c'est le gosse que Suzanne et Lucien n'ont jamais eu.

Ensuite, sur le chemin de la Marne, arrivent Mallavec et la Grande Catherine. Mallavec était marin. Il mesure près de deux mètres, si bien que même Catherine a l'air petite à côté.

---

13 **tordre en chignon** *m* zu einem Haarknoten drehen – 14 **une allure** *ici :* un physique, une apparence – 17 **dévaler (une rue)** descendre en courant – 17 **à perdre haleine** jusqu'à ne plus pouvoir respirer – 21 **un rosier** → une rose – 21 **cultiver en pot** im Topf anbauen – 23 **la soie** Seide – 28 **un marin** Matrose

Elle est très fière. Elle n'a jamais eu un homme comme lui. Il a le cœur aussi pur que sa Bretagne natale, et elle se dit parfois que ce serait bon de vieillir à côté de lui.

Mallavec est socialiste et même un peu plus, avec des
5 tendances à la révolution. Avec Lucien, il milite pour Jaurès à la Section française de l'internationale ouvrière, la SFiO. Ils ne manquent pas une réunion, collent des affiches et distribuent des tracts. Et si c'était possible Mallavec changerait le monde tout de suite, rien qu'avec ses deux bras.
10 – Le Grand Soir ? dit-il souvent, mais c'est pour demain, les amis !

Dans le fond, il ne croit qu'à une seule chose : la lutte des classes. Il pense que la différence entre les riches et les pauvres est comme la guerre des falaises et de l'eau : la mer
15 finit toujours par avaler les rochers. Et surtout, il pense que la justice existe, forcément, quelque part, ici, bientôt ! Une justice qui donnerait aux pauvres une partie de ce qu'ont les riches et qui apprendrait aux hommes les limites à ne pas franchir. Vous imaginez, vous, un monde sans justice ?
20 Mallavec sourit quand il en parle. Il est confiant. Il a déjà gagné bien des batailles sur son bateau.

Avec Catherine, ils se tiennent aussi par la main, comme Suzanne et Lucien, mais certains jours du bout des doigts, tandis qu'à d'autres moments c'est à pleine paume, avec
25 un désir si fort que cela trouble les gens tout autour, qui pensent soudain à leurs propres amours. Leur histoire dure ainsi depuis des années, sans cesse avec des hauts et des bas, comme c'est toujours le cas pour les vraies passions.
– Épouse-moi, lui a-t-elle dit un jour.

---

5 **militer** être actif politiquement – 7 **une réunion** Versammlung – 7 **distribuer qc** donner qc à beaucoup de gens – 8 **un tract** Flyer – 10 **le Grand Soir** *pour les socialistes le jour de la révolution, où la société changera totalement* – 14 **une falaise** Felswand – 15 **un rocher** Fels – 16 **forcément** c'est obligé, évident – 19 **franchir (une limite)** *fig* passer de l'autre côté – 20 **confiant** qui a confiance en l'avenir – 21 **une bataille** → se battre – 27 **avec des hauts et des bas** avec de bons et de mauvais moments – 29 **épouser qn** se marier avec qn

Mais le marin a baissé les yeux, incapable d'accepter l'abordage. Il aurait pourtant fallu qu'il dise quelque chose à ce moment-là. Il aurait fallu qu'il trouve les mots pour lui expliquer qu'il ne s'agissait pas d'amour, mais d'océan et
5 d'horizon… Mallavec lui a pris les mains, mais toujours sans rien dire. Il a essayé de lui caresser la joue. Catherine ? Ce qu'il voulait dire, c'est qu'il l'aimait chaque jour un peu plus, et que chaque jour cela veut dire toute la vie. Mais les mots ne servent à rien pour un marin. Ce n'est pas comme cela qu'on
10 va loin. Sur un bateau, on peut mourir à chaque voyage et il ne faut jamais parler des ports, même s'ils existent.

Face au silence, Catherine a reculé d'un pas. Tu es comme tous les autres, a-t-elle murmuré, je n'en veux pas de ta gentillesse. Mallavec était malheureux, et elle était en colère.
15 Ils n'en ont jamais reparlé, mais elle en a gardé une rancune qui la fait parfois s'éloigner de lui sans raison, au milieu d'une étreinte.

– Je te quitterai un jour, dit-elle, les lèvres soudain serrées alors qu'elle vient de l'embrasser.
20 Enfin vient Paul, qui marche avec Antoine derrière tout le monde, à quelques pas. C'est une habitude qu'ils ont prise. Paul regarde la petite troupe de la Gaîté, il les compte sur ses doigts, ils sont au moins une vingtaine, et il se demande combien d'entre eux seront encore vivants d'ici un an, si
25 d'aventure la guerre…

– Dis donc, t'as vu ton gosse ? murmure Suzanne à l'oreille de Catherine. À quinze ans, on dirait un homme ! Regarde donc…
– Tu parles ! répond Catherine. Toujours à trois pas derrière !
30 Toujours à rêvasser !

---

1 **baisser les yeux** regarder vers le bas – 2 **un abordage** l'attaque d'un bateau *ici : fig* – 6 **une joue** Wange – 12 **reculer** rückwärts gehen – 15 **une rancune** un reste de colère qu'on ne peut pas oublier – 17 **une étreinte** quand on se prend dans les bras – 18 **serrées** *ici :* fermées – 24 **si d'aventure** si peut-être – 30 **rêvasser** rêver un peu

– Et alors ? reprend Suzanne. Moi je passe mes journées à rêver, et ça ne m'empêche pas de tirer l'aiguille depuis mes douze ans ! D'ailleurs, ce sont les rêves qui changent le monde, pas les idées raisonnables !

5 Catherine saisit alors le bras de son amie et dit avec colère :
– Eh bien justement, je n'y crois plus à leur révolution. Rien ne changera jamais. Et rien n'a jamais changé.
– Mais qu'est-ce que tu racontes, Catherine ?
– Je veux que Paul arrête de rêver à tout cela, Suzanne. Non
10 mais regarde-nous tous, qu'est-ce qu'on est devenus ? Hein ? Autre chose que deux mains raides à mettre au service de celui qui nous paie ? Alors Paul va arrêter l'école à l'automne. J'aurais dû t'en parler depuis longtemps. Je veux qu'il apprenne un métier. Il ira sur l'établi avec Mallavec.

15 Sa voix devient de plus en plus forte, et les autres commencent à l'écouter aussi. Elle est grande, dure, dure comme un diamant.
– Tu veux qu'il arrête l'école ? répète Suzanne, atterrée.
– Mais à quoi ça lui servira, hein, les livres et les rêves ?
20 À chaque fois, c'est la même danse… À droite, à gauche, on fait la révolution, on y croit, sauf que rien ne change et tu te réveilles vieux un jour avec tes rêves, et t'as pas trois sous de côté, et les riches sont encore là, encore plus riches. À peine le temps d'y penser et te voilà la tête à mordre les marguerites,
25 juste à côté des premiers obus qui tombent…

À ces mots, elle s'arrête, tremblante de ce qu'elle vient de dire. Le silence règne au bord du chemin. Tous baissent la tête. Catherine a parlé de la guerre ! Celle qu'ils essaient d'oublier depuis des jours, celle qui est déjà au fond de leur ventre…
30 Ils regardent leurs mains, le sang derrière la peau, et ils se souviennent soudain de la fragilité de leur corps face à l'acier.

---

2 **tirer qc** etw ziehen – 2 **une aiguille** Nadel – 5 **saisir qc** attraper qc – 11 **raide** steif – 14 **un établi** Werkbank – 18 **atterré** à la fois surpris et très triste – 22 **un sou** *fam* de l'argent – 24 **mordre qc** etw beißen – 24 **une marguerite** une fleur blanche et jaune – 25 **un obus** Granate – 27 **régner** *ici* : couvrir tout le reste – 31 **l'acier** *m* Stahl

Bon Dieu… La guerre… Qu'est-ce que vaut la révolution face à
ça ? Ils se recroquevillent. Ils essaient d'oublier. Mais c'est trop
tard, juste un mot qui les a transformés en chair à canon.

Et pourtant, ils recommencent assez vite à parler d'autre
5 chose. Ils se sourient. Après tout, ils sont encore vivants. Après
tout, la guerre n'aura peut-être pas lieu. Et ils laissent faire le
soleil qui aide les hommes à oublier tant de choses.
Mais Catherine, elle, reste assise par terre, et pleure, les deux
mains sur le visage. Elle est incapable de faire semblant. Elle a
10 peur. Elle sait, elle sent ce qui va arriver.
Paul s'est approché. Il est juste derrière sa mère. Il aimerait
pouvoir poser une main sur ses cheveux, la rassurer,
l'embrasser. Maman ? Mais il ne peut pas, il n'a pas encore les
mots qu'il faut. Juste cette force, au fond de lui, qui l'oblige
15 parfois à fermer les yeux pour écouter ce que les autres
n'entendent pas.Tu as tort, maman, pense-t-il. Je le changerai,
moi, le monde. Je le changerai pour toi et pour Madeleine.
Il serre son poing dans sa poche. Il se transforme en homme.
Un homme dangereux, avec ses poings et ses rêves.

---

3 **la chair à canon** *fig* Kanonenfutter – 12 **rassurer qn** calmer qn en lui disant des
choses rassurantes – 16 **avoir tort** ≠ avoir raison – 18 **un poing** [pwɛ̃] Faust

Chapitre 5

Ils sont enfin arrivés au bord de l'eau. Cela aurait été une bien belle promenade si l'on avait réussi à ne pas parler de la guerre, mais personne n'en veut à Catherine. Jules s'installe à

5 côté de Paul.

– Au fait, la fille de l'autre jour ? On y retourne ?

– Fous-moi la paix, répond Paul, et il lui tourne le dos.

– Sois un peu plus gentil quand même, c'est moi qui l'ai trouvée !

10 – Laisse-le tranquille, murmure Antoine. Tu vois bien qu'il n'a pas envie d'en parler.

– Je m'en fous, j'irai avec mon frère, dit Jules.

– Paul se retourne alors et lui serre brusquement le cou avec sa main droite.

15 – Je te préviens, Jules. Si jamais je te revois un seul soir rue du Pot-de-Fer ou si ton frère se pointe, je te jure que tu auras des problèmes. De vrais problèmes.

– Mais t'es dingue ! suffoque Jules. Elle t'a rendu fou, cette fille !

20 – Allez, lâche-le, dit Antoine, qui tire Paul en arrière. Calme-toi. Tandis que Jules s'éloigne en soufflant, encore rouge, la main sur son cou, les deux autres amis rejoignent lentement le groupe.

---

4 **en vouloir à qn** être en colère contre qn – 7 **fous-moi la paix** *fam* laisse moi tranquille – 13 **serrer qc** *ici :* würgen – 16 **se pointer** *fam* venir – 16 **jurer** schwören – 18 **dingue** *fam* fou – 18 **suffoquer** ne plus pouvoir respirer – 22 **rejoindre qn** aller retrouver qn

– Tu sais, il n'a pas tort, dit Antoine doucement.

– Qu'est-ce qui t'arrive en ce moment, mon vieux ?

Paul ne peut pas lui répondre. Madeleine. Il passe à présent toutes ses soirées assis sur le mur, en face de la maison
5 blanche, et parfois même la moitié de la nuit. Il connaît tout d'elle. Ses horaires de promenade, de dîner, de cours de piano. Il sait l'endroit où elle pose sa brosse à cheveux et sa façon de s'asseoir sur son lit, de rester là quelques instants, pieds nus, rêvant d'autre chose, la tête légèrement penchée. Il
10 connaît son père, sa mère, ses cinq frères et sœurs et chaque domestique. Il observe la vie de la maison blanche comme un scientifique le ferait avec une autre planète. Mais le soir, quand elle enlève sa chemise d'un geste gracieux, elle est à lui, elle est sa femme.
15 Paul n'est pas seulement amoureux. Il est fou de désir. Il la serre la nuit dans ses bras et il rêve. Je partirai ! Nous partirons ! Il invente des histoires à lui raconter sur le pont du bateau. Il invente des vies et des mots qui n'existent pas. Nous serons allongés sous les étoiles, je lui parlerai, elle m'écoutera,
20 je la caresserai.

– Tu l'aimes, c'est ça ? demande Antoine avec un demi-sourire, surpris que l'amour soit déjà présent dans leur histoire.

Paul ne répond pas.

25 – Mais tu ne la connais même pas !

Antoine a parlé gentiment, sans réfléchir. Mais Paul recule d'un pas. Il se tait. Il regarde son ami comme s'il le voyait pour la première fois.

– Qu'est-ce que j'ai dit ? demande Antoine, surpris.

30 Il ne comprend pas, se dit Paul.

– Rien.

---

1 **doucement** leise – 6 **le dîner** le repas du soir – 7 **une brosse à cheveux** Haarbürste –
9 **penché** geneigt – 11 **un domestique** qn dont le travail est de s'occuper de la maison
de qn qui le paie pour cela – 13 **gracieux** joli et élégant – 17 **le pont** (d'un bateau) Deck

Je ne voulais pas te faire de peine, reprend Antoine, faisant un grand sourire à son ami.

– Ce n'est pas grave, répond Paul.

– Mais c'est faux. Pour la première fois de leur vie, quelque
5 chose les sépare. Et avec l'égoïsme des gens heureux, Paul se répète : il ne peut pas comprendre.

– Je la connaîtrai bientôt, ajoute-t-il.

Puis il se détourne et rejoint le groupe. Son ami le regarde s'éloigner.

10 – Si, je peux te comprendre… murmure-t-il.

Mais c'est trop tard, Paul est déjà beaucoup trop loin.

---

1 **faire de la peine à qn** rendre qn triste – 8 **se détourner** tourner le dos à qn

Chapitre 6

L'ombrage est bien à leur convenance. Ils sont tous les pieds dans l'eau ou bien étendus dans l'herbe, sur le dos, les bras en croix.

5   Suzanne est assise contre un arbre. Lucien se penche vers elle et lui plante un baiser dans le cou. Si elle arrive, cette guerre, se dit-il, je n'irai pas. Je déserterai. On partira tous les deux voir la mer. On fermera la boutique, on ne dira rien à personne, et on partira.

10   Suzanne regarde son vieil amant et lui serre doucement la main, en lui caressant la paume comme il aime tant qu'elle le fasse. Elle suit les rides profondes dans la peau calleuse. Mais elle a envie de pleurer depuis des mois.

Le médecin a dit un an et cela fera exactement un an le
15 14 août.

– Vais-je souffrir ? a-t-elle demandé au médecin.

– Je ne pense pas…

Mais sa voix n'était plus qu'un murmure et il a baissé les yeux en apercevant l'océan dans ceux de Suzanne. C'est un
20 brave homme. Il sait que parfois les gens méritent la vérité.

– Vais-je souffrir longtemps ?

– Je ne crois pas.

---

2 **l'ombrage** *m* → ombre – 2 **à leur convenance** comme ils le veulent – 3 **étendu** allongé – 6 **planter un baiser** embrasser vite – 7 **déserter** fuir pour ne pas devenir soldat – 12 **une ride** Falte – 12 **calleux** verhornt – 20 **la vérité** → vrai

Pendant quelques mois, elle a cru qu'il s'était trompé. Elle a fait semblant d'oublier. Mais, depuis mars, Suzanne va le voir toutes les semaines, parce qu'elle souffre de plus en plus et parce qu'elle se sent seule. Elle a maigri. Elle prend
5 des médicaments en cachette. Chez lui, elle pleure un bon moment. Il ne pose pas de questions. Il a compris qu'il avait affaire à une femme courageuse. Il ne la fait pas payer parce que lui aussi il voudrait changer le monde… Un jour, il a dit : « Venez quand vous voulez. » et Suzanne a compris qu'il n'y
10 avait plus d'espoir.

Elle se couche dans l'herbe en mettant sa tête tout contre Lucien. Il ne bouge plus, pour qu'elle s'endorme vite.
Comme elle est maigre, se dit-il soudain avec inquiétude en prenant son poignet. Que lui arrive-t-il donc ? Allons, il
15 faut que je l'emmène voir la mer… La guerre servirait au moins à cela ! Il regarde le ciel, la terre, les autres, et il caresse doucement d'un doigt les cheveux de Suzanne sur son front. Il y a mille femmes en elle. Sa belle Suzon. Ses vingt ans, ses trente ans, ses soixante ans, mille images d'elle et toujours la
20 même dans son cœur. Par moments, elle a l'air d'une jeune fille. Lucien ferme les yeux pour mieux profiter du bonheur. La guerre, ils l'empêcheront ou alors ils n'iront pas. C'est une chose qui ne doit pas exister. Qui ne peut pas exister.

Dans la campagne, la chaleur emmène loin les voix. Tout
25 se mêle, les insectes, les oiseaux et les humains. On ne sait plus où sont les uns et les autres. Marcel et Étienne décident d'aller chercher de la friture à la guinguette, qu'on rapporte dans des cornets, comme les gaufres sur les Champs-Élysées le dimanche. Quand ils reviennent, ils ont les doigts pleins
30 d'huile et de citron. Ils grignotent tous un peu. Ils font

---

4 **maigrir** abnehmen – 5 **en cachette** sans que personne le voie – 17 **le front** Stirn –
27 **une guinguette** un café ou un petit restaurant à la campagne – 28 **un cornet**
Papiertüte – 28 **une gaufre** Waffel – 30 **grignoter** manger un peu

semblant d'être en Espagne, ferment les yeux pour sentir le
soleil sur leurs paupières. Ils parlent fort. Pas un qui connaisse
l'Espagne mais, qu'à cela ne tienne, il n'y a personne pour
vérifier la couleur des rêves.

5   Et ils commencent à rire. Ça monte, ça enfle, ça se déploie.
Un grand rire partagé. « Merde à la guerre ! » entend-on
soudain. « Merde à l'Alsace ! » Ils rient encore plus fort. Avec la
chaleur, l'air tremble un peu au-dessus de l'eau de telle sorte
que la rivière, elle aussi, a l'air de s'amuser.

10   – Regarde donc, Suzanne, même la nature se met à être
heureuse ! dit Lucien.

À présent qu'ils ont bien mangé, ils vont tous faire la sieste
avant de canoter. C'est une habitude qu'ils ont prise sur les
bords de Marne. Les hommes parlent entre eux et ne peuvent

15   pas s'empêcher de dire un mot ou deux de politique. Mais
ça ne fait pas le même effet avec le ventre plein. Pendant ce
temps, les femmes s'assoupissent en discutant de leurs gosses.
Elles enlèvent leurs chapeaux, elles décrochent les premiers
boutons des chemises. Paul aperçoit un peu de leur peau

20   blanche qui brille sous les jupons du dimanche.

– Ah, ce qu'il fait bon ! disent-elles en s'étirant. On ne sait
plus à qui elles parlent, aux hommes, à la nature ou au bon
Dieu.

Ensuite, l'après-midi passe vite, avec des mains qui traînent

25   dans l'eau et les hommes qui rament de droite à gauche, en
suivant les sirènes qui rôdent encore au fond des rivières.
Leurs yeux brillent, et parfois, quand les gosses s'endorment,
quelques couples s'esquivent en haut de la berge, derrière
un buisson. Il en faudrait des hommes et de la bêtise pour

30   détruire tout cela.

---

2 **une paupière** Augenlid – 3 **qu'à cela ne tienne** *exp* ce n'est pas grave – 5 **enfler**
devenir plus gros – 5 **se déployer** sich ausbreiten – 13 **canoter** faire du (petit) bateau –
17 **s'assoupir** s'endormir quelques minutes – 18 **décrocher** *ici :* ouvrir – 20 **un jupon** →
une jupe de dessous – 21 **s'étirer** sich strecken – 24 **traîner** *ici :* hängen – 26 **une sirène**
une femme-poisson – 26 **rôder** umherstreifen – 28 **s'esquiver** partir se cacher – 28 **une
berge** Ufer – 29 **un buisson** Gebüsch

Le soir, ils dansent jusqu'à plus soif, et leurs rires doivent bien s'entendre jusqu'à Paris ! Ils tapent des pieds sur les planches en bois, et tourbillonnent en rond et en chœur jusqu'à ce que la nuit soit noire et pleine d'étoiles. Ils rient
5 fort, si fort que cela doit résonner jusqu'à Vienne dans les salons du comte Berchtold. Allons ! Il y a tout de même encore du temps devant soi, quoi qu'il arrive, au moins la nuit entière. Et qu'elle est belle, cette nuit-là ! Pleine de lumières, dans le ciel, sur l'eau et dans les yeux des filles. On pourrait se noyer
10 en restant debout.

Les hommes serrent la taille des femmes, elles se penchent en arrière, ils s'oublient, ils s'embrassent dans la chaleur, ils s'aiment à la va-vite ou pour toujours.

Paul a beau faire semblant d'être un adulte, il s'endort sur
15 sa chaise, en attendant sa mère. Catherine l'oublie. Elle danse avec Mallavec. Ces deux-là ne se lâchent plus, ni des mains ni des yeux, comme si cela pouvait arrêter un instant le cours des choses.

– Regarde-les, dit Suzanne à Lucien. Regarde-les comme ils
20 sont beaux.

---

1 **jusqu'à plus soif** *exp* autant qu'ils peuvent – 2 **taper des pieds** stampfen – 3 **une planche** Brett – 3 **tourbillonner** tourner très vite sur soi-même – 3 **en chœur** *fig* tous ensemble – 5 **résonner** hallen – 9 **se noyer** ertrinken – 13 **à la va-vite** *exp* vite et sans penser à demain – 14 **avoir beau faire qc** même si on fait qc – 17 **le cours des choses** Lauf der Dinge

Chapitre 7

Quelques heures plus tard, Paul se réveille en sursaut.
Mallavec et Lucien sont accoudés près de lui et discutent avec
animation. Quelques couples s'attardent encore sur la piste.
5 Les musiciens ont cessé de jouer, sauf un jeune accordéoniste,
visiblement ému par le ciel clair. Une femme danse seule. Elle
serre ses bras autour de sa propre taille.

– Écoute Lucien, dit Mallavec, les gouvernements jouent aux
dominos avec la vie des pauvres gens, mais on ne fait rien !
10 Moi, je n'en peux plus !

Il se lève et se met à marcher de long en large à côté de la
table, sur la piste de danse.

Regarde les nationalistes : ils défilent sans cesse ! Mais nous,
les socialistes, que faisons-nous, Lucien ? Rien. On discute ! On
15 s'engueule pour savoir si on fait la révolution demain ou dans
vingt ans ou pas du tout. Il faut quelque chose de plus concret.
Il faut bouger, agir.

Quand il parle, Mallavec serre les deux poings et les lève
sans cesse. Il aurait besoin de tenir un cordage pour croire un
20 peu plus à la révolution. Les mots ne lui suffisent plus.

– Ça veut dire quoi, « faire quelque chose… » ? demande
Lucien. Tu crois que c'est utile de s'agiter dans tous les sens,
seuls dans notre coin ?

---

2 **en sursaut** *m* de façon brusque – 3 **accoudé** presque allongé, posé sur son *coude*
(Ellbogen) – 4 **s'attarder** rester encore un peu plus longtemps – 6 **ému** berührt –
11 **marcher de long en large** faire des allers et retours – 13 **défiler** *ici :* manifester –
15 **s'engueuler** *fam* se disputer – 19 **un cordage** Tau

– Et pourquoi pas ? Manifester, faire une grève. Pourquoi traîner encore ?

– Mais une grève seulement en France, tu sais bien que ça ne sert pas à grand-chose. Il faut qu'on soit tous d'accord en Europe pour que le socialisme triomphe enfin. Et puis, une grève contre quoi exactement ?

– Une grève préventive. Pour que Poincaré sache qu'il ne doit pas aller trop loin. Pour montrer que le peuple existe. Et pour faire la révolution !

– Mais non. Pour ça, il faut que tout le monde bouge en même temps, en Allemagne, en Russie, en Angleterre.

À ces mots, Mallavec se lève brutalement et lance un pied dans une chaise. Sa voix couvre l'accordéon comme elle couvrait jadis la mer.

– J'en ai assez, Lucien ! Pourquoi est-ce qu'on serait toujours obligés d'attendre le bon vouloir des boches alors que, si ça se trouve, ils sont d'accord avec les manigances des Autrichiens ?

– Mais tu te rends compte comment tu parles des Allemands ? Tu deviens comme ces crétins de nationalistes. Le Parti a dit d'attendre, non ? Alors, on attend. On fait confiance à nos amis, de l'autre côté du Rhin. Bon Dieu, mais essaie d'accepter les choses… C'est l'internationale, sinon, tout cela n'a plus aucun sens ! L'internationale ou rien ! Et dis-toi bien qu'il y a plus de dix millions de gens en Europe qui travaillent aujourd'hui au succès de la cause. Dix millions de gens dans les entreprises, dans les journaux et même dans les gouvernements. Tu te rends compte ! Jamais nous n'avons été aussi forts !

Lucien tape sur la table avec sa petite cuillère. Ses yeux brillent à parler ainsi du prolétariat. Il a compris, il y a

1 **une grève** Streik – 2 **traîner** *ici :* attendre sans agir – 7 **préventif** avant que qc se passe, en protection – 7 **Raymond Poincaré** *(1850–1934) président de la République française de 1913 à 1920* – 14 **jadis** *vx* früher – 16 **le bon vouloir de qn** quand qn accepte de faire qc – 17 **une manigance** une intrigue, une manipulation – 19 **un crétin** un idiot – 25 **la cause** *ici :* Sache – 29 **une cuillère** Löffel

très longtemps, que les fourmis peuvent construire des montagnes.

– Ça ne servira à rien si on est seuls, reprend-il. Rappelle-toi la Commune. Les milliers de camarades fusillés, la colline
5 rouge.

Mais il s'interrompt soudain, la voix tremblante. Rappelle-toi… Le sourire de son père. Sa voix le matin. Ses mains épaisses. Quarante ans déjà ? Ce soir, tout lui revient en rafale, avec l'alcool, avec cette belle journée et les derniers airs
10 traînants de la guinguette. Il n'y avait plus pensé depuis si longtemps à force d'être dans la vie qui passe. Mais tout cela a existé, et c'est encore en lui. Le grand vent de la Commune… Jamais on n'avait été si près de la révolution depuis 1789. Et puis ce jour où Jules Vallès était passé chez eux, échevelé, le
15 visage noir. Il faut fuir, disait-il. C'est fini. Tout est fini. Le père de Lucien avait répondu : « Non, je reste, ce n'est pas possible, on ne peut pas fuir comme ça, on ne peut pas finir comme ça. » Il avait pleuré devant tous ses enfants, les cinq garçons et la petite fille, avec ses deux mains seulement pour couvrir son
20 visage. Quarante ans ? Et ce silence terrible qui suit les grandes fusillades, sa mère assise sur un tabouret, dans la cuisine, la tête cachée dans un torchon à carreaux bleus et rouges… On ne peut pas finir comme ça.

– Cette fois, reprend Lucien, il faut attendre et réussir.
25 Mallavec s'assied. Lucien se penche vers lui et lui pose la main sur l'avant-bras pour l'apaiser. Il le regarde avec une immense tendresse. Le Breton baisse la tête, à moitié vaincu.

---

1 **une fourmi** Ameise – 4 **la Commune (de Paris)** *mars-mai 1871 Versuch, Paris nach sozialistischen Vorstellungen zu verwalten. Ereignis wurde blutig unterdrückt (über 6 000 Tote).* – 4 **fusillé** erschossen (hingerichtet) – 4 **la colline rouge** *nom du 20e arrondissement de Paris pendant la Commune de 1871* – 8 **épais** *ici :* gros et fort – 8 **en rafale** *f* comme le vent quand il souffle tout à coup très fort – 9 **un air** *ici :* une musique – 10 **traînant** *ici :* lent – 14 **Jules Vallès** *(1832–1885) journaliste écrivain et homme politique français d'extrême-gauche* – 14 **échevelé** pas coiffé – 21 **une fusillade** Schießerei – 21 **un tabouret** Hocker – 22 **un torchon** une serviette pour la vaisselle – 26 **un avant-bras** Unterarm – 26 **apaiser qn** calmer qn – 27 **la tendresse** Zärtlichkeit – 27 **vaincu** qui a perdu

La colère de Mallavec est retombée, mais Lucien reste silencieux, plus troublé qu'il ne veut bien l'avouer. Et s'il avait raison ? se dit-il. Alors nous serions effectivement en train de faire le lit des colonels. L'Autriche veut la guerre à tout prix,
5   c'est clair. Mais que feront les autres si un conflit se déclenche en Serbie ? Les Russes ? Les Allemands ? Et surtout les peuples d'Europe. Oui… Comment réagiront les peuples ? D'une certaine façon, Mallavec a raison : il faudra aller bientôt à la grève, au moins pour ne pas perdre le bel enthousiasme des
10 camarades.

– Et Jaurès ? murmure-t-il alors en plissant les yeux, comme un dernier rempart face à ses propres doutes.

– Quoi, Jaurès ? demande Mallavec.

– Qu'est-ce qu'il en pense, Jaurès ?

15 Mallavec baisse la tête. Il irait au bout du monde pour Jaurès.

– Allez, vas-y. Dis-le ! insiste Lucien.

– Tu le sais bien. Il dit qu'il faut attendre la prochaine réunion de l'internationale.

20 – Il a raison. Et tu le crois ?

– Je n'ai confiance qu'en lui.

Mallavec est impatient, il est malheureux, mais la force du nom de Jaurès l'a emporté.

– Dis, Mallavec… ajoute doucement Lucien.

25 – Oui ?

– Tu ne crois pas que c'est dangereux à présent de le laisser seul ?

– Qui donc ?

– Jaurès.

30 – Pourquoi tu dis ça ?

---

1 **retomber** *ici :* sich legen – 2 **troublé** pris par des sentiments différents – 4 **faire le lit de qn** *fig* préparer sans le vouloir la place pour qn – 5 **se déclencher** commencer – 11 **plisser les yeux** fermer un peu les yeux – 12 **un rempart** *fig* un mur qui défend une ville – 23 **l'emporter** gagner – 26 **à présent** maintenant

– Regarde, répond Lucien en sortant un journal plié en quatre dans sa poche, qu'il étale sur la table. C'est un article de Maurras, dans *L'Action française*. Je te lis : « Nous ne voudrions déterminer personne à l'assassinat politique, mais que M.
5 Jaurès soit pris de tremblements… » et puis encore cela :
« Chacun le sait, M. Jaurès, c'est l'Allemagne. »
– Nom de Dieu, murmure Mallavec.

Et Lucien lui raconte aussi qu'un billet anonyme est arrivé à *L'Humanité*, signé d'un mystérieux Comité des dix : « Réunis
10 aujourd'hui, nous avons voté à l'unanimité la peine de mort pour Jaurès. Motif : par vos actes, par vos écrits, vos discours contre l'armée, vous vous êtes montré traître à la France. »

Lucien en a parlé avec l'administrateur du journal, Philippe Landrieu, mais ce dernier n'a même pas été surpris. « On
15 reçoit ce genre de lettres tous les jours », a-t-il seulement répondu.

– Alors il faut agir ! dit Mallavec en tapant du poing sur la table, heureux d'avoir enfin une décision à prendre. Paul ira le matin et moi le soir après le boulot. On ne le lâche plus ! Et s'il
20 le faut, on demandera à tous les citoyens de la Gaîté de nous aider !

---

3 **L'Action française** *journal royaliste et antiparlementaire (1908–1944)* – 8 **un billet** *ici :* une courte lettre – 10 **la peine de mort** Todesstrafe – 12 **un traître** Verräter

III

LA RUE DE LA TOUR

Prologue

Mme Poincaré et le vieux Pasic

Dans son salon, il paraît que Mme Poincaré aurait dit, en servant le thé à ses amis :

5 *– Ce qu'il nous faudrait, c'est une bonne guerre ! Et la suppression de Jaurès !*

Beaucoup de gens commencent à penser la même chose, mais elle n'est pas n'importe qui : c'est la femme du président de la République, et Raymond Poincaré le restera même jusqu'en

10 *1920. Lorrain, élevé dans le culte de la revanche, il est un fin diplomate, qui connaît les limites de son pouvoir, et aussi un homme particulièrement intelligent. Il fait partie de ces gens qui savent deviner les grands vents de l'histoire. Alors… a-t-il voulu la guerre ou n'a-t-il pas fait ce qu'il fallait pour*

15 *l'empêcher ?*

Car dès le début du mois de juillet 1914, il a compris ce qui se passe en Autriche. Il sait à quoi cela peut conduire, l'Europe. Et il sait aussi que la France ne se mobilisera jamais pour une guerre offensive, tandis que la situation serait très différente

20 *dans le cas d'une attaque extérieure. En somme, si les choses tournent mal, il vaut mieux être l'agressé que l'agresseur. Il est donc temps d'aller voir les Russes, se dit Poincaré.*

---

6 **la suppression de qc** le fait de faire disparaître qc – 8 **elle n'est pas n'importe qui** c'est un personnage important – 10 **lorrain** aus Lothrigen

49

Le 20 juillet, le président et plusieurs membres du
gouvernement français débarquent du cuirassé France au
port de Cronstadt et montent à bord du yacht personnel de
Nicolas II, tsar de toutes les Russies. Le bateau est somptueux. Il
5 *s'appelle l'Alexandria, en hommage à l'impératrice. On conduit*
les Français jusqu'à Tsarskoïe Selo, où les attend la cour, en
grande pompe.

Les troupes russes défilent devant la délégation française et le
tsar. Les Français sont impressionnés. La presse internationale
10 *aussi, qui y voit le signe d'un resserrement de l'alliance entre*
Paris et Saint-Pétersbourg, tout juste rebaptisée Petrograd.

Le soir, pendant le dîner, le tsar explique sa position.

– Il faut aller de l'avant et soutenir les Serbes, dit-il. Tout le
monde se tait.

15 *Raspoutine, le moine fou qui domine la cour, n'est pas pour*
la guerre, mais il se lève, demande le silence et porte un toast.
L'impératrice, comme toujours, est fascinée. Il évoque d'une voix
caverneuse des « jours historiques, des jours sacrés ».

Mais la délégation française est partagée.

20 *– Le tsar a raison ! disent les uns en trinquant, il faut être*
fermes, au moins pour intimider les Allemands ! Allons, les
amis, buvons à la guerre !

– Vous êtes fous ! murmurent les autres, il faut au contraire
soutenir les efforts de conciliation des Anglais. Nous sommes
25 *venus là pour retenir les Russes, pas pour les lancer dans une*
guerre dans laquelle nous serions obligés d'entrer ! Mais la
vodka coule à flots. On s'oublie comme on ne peut le faire que
dans les palais russes. Les femmes sont belles. On porte toast sur
toast. On danse. Il est tard mais il fait encore jour.

---

2 **un cuirassé** Panzerkreuzer – 3 **un yacht** ['jɔt] – 4 **somptueux** magnifique, luxueux –
5 **en hommage à** *m* zu Ehren von – 6 **en grande pompe** avec tout le style et le luxe
des situations officielles – 8 **défiler** marcher en parade pour une armée – 10 **un
resserrement** Verengung – 11 **rebaptisé** [ʀ(ə)batize] à qui on a donné un nouveau
nom – 13 **aller de l'avant** ne pas se décourager, agir – 13 **soutenir qn** unterstützen –
15 **un moine** Mönch – 17 **une voix caverneuse** tiefe Stimme – 18 **sacré** heilig –
20 **trinquer** anstoßen – 21 **intimider qn** faire peur à qn → timide – 25 **retenir qn**
empêcher qn d'attaquer – 26 **la vodka coule à flots** *exp* tout le monde boit trop de
vodka

Le lendemain, quand la délégation française traverse
Petrograd pour repartir à Paris, des ouvriers et des conducteurs
de tramways ont dressé des barricades dans certains quartiers.
Les Français sont stupéfaits mais ils ont à peine le temps de
5 *réaliser ce qui se passe. Les cochers fouettent les chevaux. Vite !*
Vite ! Derrière eux, juste derrière eux, les Cosaques chargent.
Il aurait peut-être suffi que les Français se retournent à ce
moment-là pour comprendre quelque chose à l'histoire en
marche. Qu'ils se retournent juste un instant dans leurs
10 *carrosses…*
Mais on n'efface pas les cris d'un peuple en colère avec des
armes. Et le peuple russe ne veut pas de cette guerre, celle des
empereurs, des officiers et des diplomates. Le peuple russe veut
du pain et de l'électricité. « À bas la guerre ! À bas les Français ! »
15 *entend-on dans toute la ville. Des ouvriers arrachent les*
drapeaux tricolores et les lacèrent. Les Cosaques chargent
encore, et le sang russe coule sur les drapeaux bleu, blanc, rouge.
La plupart des journalistes étrangers ne relatent pas les
événements de Petrograd. Ils ne les voient pas ou bien ils ne
20 *veulent pas les voir. Quant aux peuples d'Europe, inquiets, ils*
écoutent sans comprendre le tonnerre qui commence à gronder.
Mais Jaurès, lui, comprend tout, sauf peut-être la rouerie
de la délégation française. « Partout la révolution est à fleur
de terre, écrit-il. Bien imprudent serait le tsar s'il déchaînait
25 *ou laissait déchaîner une guerre européenne. » Le 23 juillet*
1914, les Français repartent donc satisfaits de Russie. On les
attend à Dunkerque. À peu près dans les mêmes eaux croise le
Hohenzollern, le bateau qui ramène tranquillement Guillaume
II à Kiel, après ses vacances. Pourtant, c'est aussi le jour que
30 *Berchtold a choisi pour remettre son ultimatum aux Serbes.*

---

4 **stupéfait** si étonné qu'il ne peut réagir – 5 **fouetter** mit der Peitsche schlagen –
11 **effacer** *ici :* faire disparaître – 12 **une arme** Waffe – 14 **à bas…!** nieder mit…! –
15 **arracher qc** etw ausreißen – 16 **lacérer qc** etw zerfetzen – 18 **relater qc** raconter
qc – 20 **quant à …** et en ce qui concerne … – 22 **la rouerie** le fait d'être manipulateur
et malhonnête – 23 **à fleur de terre** au niveau du sol – 24 **imprudent** unvorsichtig –
24 **déchaîner** auslösen – 30 **remettre qc à qn** *ici :* donner officiellement qc à qn

– Attendez encore quelques heures, a-t-il précisé à son ambassadeur à Belgrade. Il faut que le papier soit remis quand les Français seront sur leur bateau. Pas avant, n'est-ce pas ! Ils ne pourront pas communiquer avec les Russes et cela nous
5 *donnera du temps.*

Du temps, de la rapidité, et même du mensonge. C'est ainsi que Berchtold et quelques autres construisent leur guerre.

Le document est enfin remis à Nikola Pasic, le président du Conseil royal des ministres de Serbie. Le texte est terrible. Sous
10 *prétexte de conduire l'enquête sur l'assassinat de Sarajevo, il s'agit en réalité d'une demande d'abdication de souveraineté. Pasic n'est pas dupe. Mais que faire ?*

À Paris, Jaurès écrit : « La note est effroyablement dure. Elle semble calculée pour humilier à fond le peuple serbe ou pour
15 *l'écraser. [...] On peut se demander si la réaction cléricale et militariste autrichienne ne désire pas la guerre et ne cherche pas à la rendre possible. Ce serait le plus monstrueux des crimes. »*

---

9 **sous prétexte de faire qc** unter dem Vorwand, etw zu tun – 12 **être dupe** être assez naïf pour croire – 13 **effroyablement** erschreckend – 15 **écraser** niederschlagen – 15 **cléricale** des hommes d'église

Chapitre 8

Il est tard et Paul attend Mallavec depuis plus d'une heure.
Ils doivent aller ensemble chez Jaurès. Pour passer le temps,
le garçon cherche le mot juste qui correspond à chaque
5 chose. Parfois c'est simple : trottoir, ciel, cheminée, herbe.
Mais l'ombre du chat qui s'installe au coin de la fenêtre de
Marcel ? Comment raconter l'ombre d'un chat ? Mallavec dit
que certains mots seront bientôt les mêmes dans tous les pays
du monde. Il dit aussi que, si on les connaissait déjà, ce serait
10 simple de faire la révolution au même moment, en Allemagne,
en Russie et en France. « La révolution simultanée ! c'est
encore mieux que la grève générale ! » Il croit à tout cela, au
pouvoir des mots et au désir que les hommes ont de changer
leur destin. Il pense que le prochain siècle ne sera pas le même
15 et qu'on y sera plus égaux.
   – Tiens, par exemple, explique-t-il souvent à Paul, prends
le mot « bonheur ». Ce n'est pas si compliqué que ça pour
nous ! Ça veut dire plus de temps, plus d'argent, un peu de
considération, de quoi offrir un bijou à sa femme et l'école à
20 ses enfants. Tu es d'accord ?
   Paul ne répond rien. C'est trop facile, pense-t-il, agacé. Non,
je ne suis pas d'accord. Par exemple, est-ce que le bonheur
veut dire la même chose pour un Chinois, un Allemand ou
un Français ? Pas si simple. Et puis, est-ce que le bonheur, ce
25 n'est pas aussi de regarder les étoiles ? Moi j'aime la nuit, le

---

5 **un trottoir** Bürgersteig – 5 **une cheminée** Schornstein – 13 **un pouvoir** Kraft – 19 **la
considération** le respect pour ce que fait et est qn – 19 **un bijou** Schmuck – 21 **agacé** un
peu énervé

silence, le bruit des peupliers dans le vent, quelques voix qui
chuchotent le soir rue de la Gaîté. Et surtout j'aime le rythme
de mon premier amour qui bat doucement dans mon cœur. Je
ne veux pas qu'on définisse mon bonheur à l'avance. Je veux
5 l'horizon sans fin.

Et d'ailleurs, ça doit être beau le mot « bonheur » en chinois.
Ce serait dommage de le dire en allemand ou en français
à la place. Ça doit être beau de l'entendre et de ne pas le
comprendre… Mallavec a tort, pense Paul. La beauté du
10 monde est dans les mille façons différentes de parler. Et si l'on
arrivait par malheur un jour à penser dans la même langue, ce
serait comme ces animaux empaillés qu'on voit au muséum
d'Histoire naturelle, avec une épingle enfoncée dans le cou
et une étiquette jaune au-dessous. On écrirait sur l'étiquette :
15 « Bonheur, mot chinois, espèce disparue. »

Non, non, tout cela est décidément trop simple, conclut-il.
Ça n'arrivera jamais. Les hommes sont trop différents pour
changer le monde ensemble.

Mais c'est vrai qu'il est beau, Mallavec, quand il parle de la
20 révolution. Cela lui donne une sacrée lumière dans les yeux.

Paul caresse rapidement ses cheveux d'arrière en avant,
une habitude qu'il a prise depuis qu'on les lui a coupés court.
Enfin, Mallavec arrive.

– Excuse-moi, Paul.
25 – Je m'y attendais !

– Eh bien, comment tu me parles à présent ! Te voilà un
homme !

Les deux se regardent avec autant de plaisir l'un que l'autre.

– Allez ! Tu viens ? lui dit Mallavec en désignant le porte-
30 bagages de son vélo. Après ce sera trop tard. Jaurès n'aime pas
qu'on le dérange le soir.

La fin d'après-midi est fraîche et Mallavec pédale tant qu'il
peut pour arriver avant la nuit. Il faut traverser la moitié de

---

1 **un peuplier** Pappel – 12 **empaillé** mit Stroh ausgestopft – 13 **une épingle**
Stecknadel – 25 **s'y attendre** avoir deviné d'avance

Paris, mais il y met l'énergie nécessaire. C'est cette force-là
que Catherine aime tant.

Paul fait rarement des trajets aussi longs et le porte-bagages
commence à lui faire mal aux fesses. Montparnasse, Vaugirard,
5 Grenelle.

– Va moins vite ! crie-t-il.

– Va falloir t'habituer ! lui répond Mallavec en riant, par-
dessus son épaule. Tu verras quand tu iras tous les matins au
turbin jusqu'à Boulogne !

10 Quand ils descendent du vélo, fourbus tous les deux, la nuit
commence réellement à tomber. Jaurès habite dans le XVIe
arrondissement, rue de la Tour.

– Sa chambre est là-haut, dit Mallavec. Regarde ! La lumière
à droite, sous les toits. Il doit être en train d'écrire l'éditorial de
15 *L'Humanité* pour demain.

Sans s'en rendre compte, Mallavec a baissé la voix et Paul
le sent impressionné. Quelques bourgeoises se hâtent après
avoir passé l'après-midi aux jardins d'Auteuil. Elles poussent
devant elles des garçons habillés en gris et blanc, des petits
20 messieurs qui ne s'étonnent déjà plus de rien. De grosses
gouvernantes suivent en se dandinant, essoufflées avec leurs
lourds paniers d'osier. Dans les appartements, les lumières
s'allument peu à peu et l'on voit passer les silhouettes noires
des domestiques qui commencent à dresser les tables. Paul
25 n'a pas l'habitude de venir dans les quartiers riches. Il se sent
maladroit, fragile. Mallavec lui-même, d'ordinaire si assuré,
tient instinctivement sa casquette à la main.

– Ça sent le rupin, hein ? dit-il, et tous deux éclatent de rire.

– Mais faut pas le juger à ça, poursuit Mallavec sur un ton
30 d'excuse. Jaurès, il sait moissonner la terre. Il nous comprend.

---

3 **rarement** pas souvent – 4 **les fesses** *fpl* Po – 9 **le turbin** *fam* le boulot – 10 **fourbu** très
fatigué – 14 **un éditorial** l'article écrit par le directeur d'un journal – 16 **baisser la voix**
murmurer – 17 **se hâter de** faire vite – 21 **se dandiner** watscheln – 22 **un panier d'osier**
Weidenkorb – 24 **dresser la table** den Tisch decken – 26 **maladroit** ungeschickt –
26 **assuré** sûr de soi – 28 **rupin** *fam* riche – 29 **juger qn** jdn beurteilen – 30 **moissonner**
mähen

Il a fait des études mais il est resté paysan dans son cœur.
À présent, certains disent que c'est un bourgeois, sauf qu'il
nous faut bien des bourgeois qui puissent parler pour nous,
non ?

5 Paul lève la tête et reste un instant fasciné par la lumière
de cette petite fenêtre. Une bougie du soir, une bougie d'âme
seule. Derrière l'immeuble, le soleil devient rouge et la ligne
des toits se dessine en noir.

– Allez, viens, dit Mallavec. Il a besoin de nous. Il faut qu'on
10 l'aide à garder courage. Et il faut qu'on le protège. Coûte que
coûte.

Paul soupire. Il y a dans l'air de cet été-là quelque chose
de si lourd qu'on est obligé de marcher au même pas que les
autres.

10 **coûte que coûte** *exp* à tout prix – 12 **soupirer** seufzen

Chapitre 9

L'escalier est étroit.

– Paul…

Mallavec s'arrête un instant et se retourne. Son visage est
5 masqué dans la pénombre de l'escalier.

– Écoute, petit, il se peut que tu sois étonné en le voyant.

– Pourquoi donc ? demande Paul.

– Eh bien, comment te dire ça ?… Il n'a pas l'air de ce qu'il
est…

10 Mallavec secoue la tête, incapable d'exprimer mieux les
choses.

– Et puis, dit-il encore, il a un sacré accent ! Mais c'est un
grand homme. Et n'oublie pas qu'il a besoin de nous.

Paul se rend compte alors d'une chose extraordinaire :
15 Mallavec tremble, et à l'évidence ce n'est pas de froid. Arrivé
au dernier étage, il retrouve enfin son sourire et son assurance.
Il frappe doucement à la porte. Personne ne répond. Il
s'enhardit et cogne un peu plus fort.

– Oui ? C'est quoi ? demande une voix grave.

20 – C'est moi ! C'est le Breton !

Un bruit de chaise qui tombe. Un juron et un pas lourd qui
s'approche. La porte s'ouvre dans un grincement. Bon Dieu, il
est sacrément petit, pour un grand homme ! se dit Paul.

---

2 **étroit** avec peu de place – 5 **la pénombre** l'obscurité *f* – 10 **secouer** schütteln –
16 **l'assurance** *f* la confiance en soi – 18 **s'enhardir** avoir plus de courage – 18 **cogner**
frapper – 19 **grave** *ici :* tief – 21 **un juron** Gefluche – 22 **un grincement** le bruit d'une
porte qui a besoin d'huile

Il est face à un homme barbu, bedonnant, qui cligne nerveusement de l'œil droit. La barbe est grise et mal taillée. Les poches de sa veste en velours sont déformées par des livres qu'on voit dépasser. Quant à l'appartement, il sent le
5   renfermé et le saucisson.

– Comme il est vieux ! pense Paul.

– Ah ! mon bon Mallavec, c'est toi ? Et tu m'amènes le garçon alors ? On m'a prévenu que tu viendrais. C'est si gentil à vous. Comme tu vois, je prépare mes affaires pour Lyon. J'ai un
10 discours à faire là-bas. Je pars dans deux jours.

Jaurès se retourne, affairé, et empile des livres dans une valise. Il parle sans les regarder.

– Il faut que je m'adresse à tout le monde. Avec cet ultimatum, les choses s'accélèrent !
15 Il se retourne et sourit.

– Mais tout cela est une bonne chose : Nous les arrêterons, et on nous entendra enfin !

– Alors c'est donc vrai, citoyen, qu'on va pouvoir en faire quelque chose, de ce bel été ? demande Mallavec d'une voix
20 d'enfant.

Sans lui répondre, Jaurès s'assoit lourdement sur le vieux canapé à moitié défoncé qui trône au milieu de la pièce.

– Ah, mon cher camarade… si tu savais… si tu savais comme je suis fatigué et quelle horreur est la vie en ce
25 moment… Comment faire comprendre cela ? Bien sûr qu'il y a quelque chose à faire ! Mais dans les tempêtes, tu le sais bien, il y a parfois une sorte d'espace terrifiant qui se creuse entre le cœur des hommes, ce qu'ils disent et ce qu'ils font… Tous les gouvernements de l'Europe le répètent : cette guerre serait un
30 crime et une folie ! Ils le disent tous, tu verrais cela !

---

1 **bedonnant** gros seulement du ventre – 1 **cligner de l'œil** zwinkern, *ici* : zucken – 2 **mal taillé** mal coupé – 4 **dépasser** *ici* : herausragen – 4 **sentir le renfermé** sentir mauvais parce qu'il n'y a pas assez d'air – 5 **un saucisson** luftgetrocknete Salami – 8 **prévenir qn** dire d'avance à qn – 11 **affairé** qui est très occupé – 11 **empiler** stapeln – 12 **une valise** Koffer – 14 **s'accélérer** allez plus vite – 22 **un canapé** Sofa – 22 **défoncé** cassé – 27 **terrifiant** qui fait très peur – 27 **se creuser** sich auftun – 30 **une folie** → fou

En parlant, il lève ses bras courts vers le plafond. Puis il remonte ses manches comme un homme prêt à se mettre au travail.

J'ai vu tant de ministres cette semaine, c'est toujours le
5 même refrain : « Bien sûr, mon bon Jaurès… je ferai tout ce qui est en mon pouvoir… faites-moi confiance… Nous ne suivrons pas les Serbes ou les Russes comme des moutons. Avec les Anglais, nous travaillons à la conciliation. » Sauf que, vois-tu, ces mêmes gouvernements diront peut-être dans
10 quelques semaines à des millions d'hommes : « C'est votre devoir d'entrer dans ce crime et dans cette folie ! »

Alors Jaurès se lève et se met à tourner dans la pièce comme un lion en cage, les mains croisées dans le dos.

– Et si ces hommes protestent, s'ils essaient, d'un bout à
15 l'autre de l'Europe, de briser cette chaîne horrible, on les appellera des scélérats et des traîtres, et on aiguisera contre eux tous les châtiments. Il faut tout faire pour empêcher cette tuerie. Oui, vraiment tout. Ce serait une chose affreuse… je leur dirai à Vaise. Compte sur moi, je saurai leur dire !

20 Il parle tout seul. Un homme-fleuve. Mallavec et Paul sont toujours debout devant la porte mais un gouffre s'est brutalement creusé dans le sol. Paul y distingue tous les combats, les crimes, les haines. Et juste au bord du trou, ce petit homme construit un fragile pont de verre, avec ses yeux
25 clairs et son âme plus forte que celle des autres. Paul pense soudain à Suzanne, à la belle Suzanne, sur la route de la Marne : « Je me battrai pour l'amour et pour mes rêves ! Je me défendrai jusqu'au bout, je défendrai ce que vous aurez oublié quand vous ferez la guerre. » Comme c'est étrange, pense le

---

2 **remonter ses manches** *fpl* die Ärmel hochkrempeln – 8 **la conciliation** Schlichtung –
13 **les mains croisées dans le dos** die Hände im Rücken gekreuzt – 15 **une chaîne**
Kette – 16 **un scélérat** Schurke – 16 **aiguiser** *fig* schärfen – 17 **un châtiment**
Bestrafung – 18 **une tuerie** → tuer – 19 **Vaise** *un quartier de Lyon* – 20 **un homme-fleuve**
fig un homme qui parle beaucoup (**un fleuve** Fluss) – 21 **un gouffre** un grand trou –
22 **distinguer qc** réussir à voir qc – 23 **un combat** Kampf

garçon, Jaurès a dans le regard quelque chose qui ressemble à Suzanne… Et il comprend alors à quel point il aime ces gens-là : ceux qui résistent.

– Comment pourrais-je ne pas croire, n'est-ce pas,
5 Mallavec ? Vois-tu, tout se résume pour moi à ce combat-là.

Soudain, Jaurès se retourne vers eux et semble épuisé. Il regarde ses mains. Sa voix s'est affaiblie.

– Ma vie ne servirait à rien si je n'étais pas capable d'arrêter cette guerre.

10 Il se tait un instant, respire lourdement, puis s'ébroue comme un canard l'hiver.

– Hugo Haase m'a assuré que les socialistes allemands suivraient une grève générale si cela est nécessaire.

– Et les Russes ? demande Mallavec. Il paraît que ça bouge
15 là-bas ?

– Tu as raison. C'est aussi à Saint-Pétersbourg qu'il va falloir gagner la bataille.

Il relève la tête, caresse sa barbe d'un geste mécanique, puis s'approche d'eux en tendant les bras.

20 – Mais que je suis idiot ! Je vous laisse là, debout, devant la porte ! Allons, allons, elle n'est pas encore sur mon canapé, cette guerre ! Entrez donc ! Venez-vous asseoir et parlons aussi de l'été !

Il tend la main à Paul.

25 – Et dis-moi, petit, comment t'appelles-tu ?

– Paul, monsieur.

– Allons, allons, ne m'appelle pas monsieur ! Tu sais bien qu'on est tous citoyens du même monde ! Appelle-moi Jean, ou bien camarade, si tu préfères. Et soyons amis.

30 – D'accord, monsieur.

---

3 **résister** Widerstand leisten – 7 **s'affaiblir** → faible ≠ fort – 10 **s'ébrouer** sich schütteln – 19 **tendre les bras** ouvrir les bras vers qn

Chapitre 10

Dans la cour, Paul regarde l'arbre qui monte jusqu'au premier étage. En écoutant Jaurès, il repense à la conversation qu'il a eue hier avec Louis.

5   – J'ai pris ma décision, lui a dit ce dernier.

– Qu'est-ce que tu racontes ? Quelle décision ? Louis était passé chercher Paul en lui disant qu'il avait quelque chose d'important à lui annoncer. Ils se sont assis tous les deux au café, à leur table habituelle.

10   – Je serai bientôt mobilisable, Paul. La guerre est inéluctable mais je n'irai pas… Je veux servir la cause.

– La cause ?

Louis s'est alors penché vers Paul et l'a regardé avec les yeux brillants d'un homme ivre.

15   – L'anarchie, Paul, et la révolution.

– Qu'est-ce que tu racontes ? Tu veux faire quoi ?

– Je pars en Russie, mon vieux. C'est là-bas que les choses débuteront, tous les camarades en sont persuadés. En France, il ne se passera jamais rien, le pouvoir est tenu par les

20   bourgeois. Et Jaurès nous gêne. C'est un bourgeois lui aussi. Il croit aux institutions telles qu'elles sont, à la république…

Pendant qu'il parlait, Louis trempait un sucre dans son café et aspirait lentement le liquide, avec la gourmandise que seuls les hommes heureux peuvent avoir. Paul a alors senti que son

---

10 **inéluctable** qui ne peut être évité – 14 **ivre** qui a bu trop d'alcool – 18 **débuter** commencer – 18 **persuadé de qc** sûr que qc est vrai – 22 **tremper** tunken – 23 **aspirer** ansaugen – 23 **la gourmandise** le plaisir de manger

ami n'était déjà plus vraiment là. Il n'arrivait pas à croiser son regard. Face à lui, dans le brouhaha et la fumée du café, il y avait les deux chaises vides d'Antoine et Jules, et toute leur vie rue de la Gaîté, tout ce à quoi ils avaient cru ensemble.

5 – Tu pars ? a-t-il répété comme un homme sonné.

À quelques mètres seulement, Lucien, Mallavec et Marcel, ne se doutant de rien, étaient accoudés au comptoir et discutaient avec animation. Mallavec a fait un signe amical aux deux garçons. La voix de Louis est devenue presque

10 inaudible.

– Tu ne peux pas comprendre.

– À ce moment, Paul a saisi le poignet de son ami, brutalement, et l'a forcé à lever les yeux.

– Regarde-moi. Tu n'as pas le droit de me parler comme ça.

15 – Pas le droit ? a protesté Louis, visiblement surpris. Et pourquoi donc ?

– Parce que c'est trop facile de fuir quand tout commence à aller mal… Ou alors de balancer des bombes pour régler les problèmes. Ça n'a jamais rien réglé, les bombes ! C'est juste

20 une autre façon d'être lâche.

Paul étouffait sous les mots. Louis se taisait. Mais au fond de son regard, il y avait une méfiance nouvelle. Si Paul n'était plus un enfant et qu'il n'adhérait pas à l'anarchie, il devenait un ennemi.

25 – Et puis, a ajouté Paul à bout d'arguments, presque les larmes aux yeux, Jules a dit qu'au pire ça ne durerait pas plus de quelques mois.

– Parce que toi, tu crois ce que raconte Jules ?

– On n'est plus au Moyen Âge, Louis, avec les armes qu'on a,

30 les guerres ne peuvent pas durer des années !

---

2 **un brouhaha** le bruits de gens qui parlent – 5 **sonné** qui n'a pas les idées claires à cause d'un coup sur la tête – 7 **accoudé** mit den Ellenbogen gestützt – 7 **un comptoir** Theke – 10 **inaudible** qu'on ne peut pas entendre – 13 **forcer qn à faire qc** obliger qn à faire qc – 18 **balancer** *ici :* jeter – 20 **lâche** ≠ courageux – 22 **la méfiance** ≠ la confiance – 23 **adhérer à qc** être complètement d'accord avec qc – 25 **à bout de qc** qui n'a plus de qc

– Tu ne comprends pas. Je ne veux pas la faire du tout,
cette guerre-là. Jamais. Je ne donnerai pas ma vie pour des
puissances impérialistes. Et je veux me battre contre le
capitalisme.

5 – Mais qu'est-ce que tu vas faire de plus là-bas ?

– La révolution commencera en Russie pendant que les
bombes tomberont ici. Ensuite, elle se répandra sur le monde
entier, a dit Louis lentement.

Et l'inimaginable s'est produit : il s'est mis à sourire. Tout
10 d'abord, Paul n'a pas compris, n'a pas voulu comprendre.
Mais la vérité était plantée au milieu du sourire de son ami.
Paul s'est redressé brusquement, a reculé sa chaise d'un geste
effrayé, comme s'il essayait d'éviter un coup. C'était clair :
Louis était heureux à l'idée que la guerre puisse arriver. Et
15 même il l'espérait. Il l'attendait. Car avec la guerre, qui était
une chose folle, l'anarchie, folle elle aussi, prendrait pied dans
la réalité.

– C'est horrible, a murmuré Paul. Comment peux-tu
souhaiter cela ?

20 Louis n'a pas répondu mais il l'a regardé avec des yeux
fiévreux. Tout était dit. Un silence s'est installé entre les deux
amis. On entendait quelques cris dans la rue. Des femmes
appelaient leurs enfants. Des voitures passaient en cahotant
sur les pavés. Pourtant, Paul avait encore tant de choses à
25 raconter à Louis, tant de choses à vivre avec lui. Mais c'était
trop tard. La révolution occupait tout l'espace de son cœur.

– Et tu veux partir bientôt ? a-t-il murmuré, la voix étranglée.

– D'ici quelques jours. Je ne sais pas exactement. Dès qu'on
m'en donnera l'ordre.

30 – On ? a demandé Paul. L'ordre ?

---

7 **se répandre** *fig* tout recouvrir – 9 **se produire** se passer – 12 **se redresser** mettre son
dos droit – 12 **reculer qc** etw nach hinten schieben – 13 **un coup** Schlag – 16 **prendre
pied** réussir à s'installer – 23 **cahoter** holpern – 24 **un pavé** Pflasterstein – 27 **la voix
étranglée** qui semble n'avoir plus d'air pour parler – 29 **un ordre** Befehl

Mais Louis n'a pas voulu répondre. Il en avait déjà trop dit. Paul a quitté le café quelques minutes plus tard sans se retourner, se disant qu'il ne le reverrait probablement jamais.

Sans doute Louis est-il devenu membre d'un réseau
5 d'anarchistes, songe Paul en regardant Jaurès. Ou d'une société secrète ? Depuis la veille, la tristesse de ce dernier moment avec son ami lui remonte sans cesse à la gorge. Il faut que je lui parle encore, se dit-il. Essayer malgré tout de le convaincre, de le ramener à la raison. Ou alors mettre
10 Mallavec et Lucien au courant ?

– Dis-moi, quel âge as-tu ? demande soudain Jaurès, sortant Paul de sa rêverie.

– Il commence avec moi sur l'établi en septembre, dit fièrement Mallavec, sans se rendre compte qu'il empêche
15 Paul de répondre. En attendant, il va t'aider. Le matin, il va t'apporter les journaux, le pain et le lait, ça lui fera un peu les mollets ! Et puis, tu ne dois plus rester seul, citoyen.

– Seul ?

Jaurès semble surpris.
20 – Je ne suis jamais seul, murmure-t-il en jetant un coup d'œil à sa chambre pleine de livres. Mais quel âge as-tu donc ? répète-t-il, semblant ignorer la remarque du Breton.

– Quinze ans.

– Et tu quittes l'école, alors ?
25 – Il le faut bien. Ma mère veut que j'arrête.

– Mais toi, que veux-tu faire ?

– Moi ? Ce que je veux faire ?

Paul marque un temps d'arrêt, désarçonné par la question. Il pense à Madeleine.
30 – Moi, j'aurais voulu continuer. Mais on n'a pas assez d'argent pour ça. Et puis elle préfère que je travaille pour que j'apprenne un métier.

---

4 **un réseau** Netz – 5 **songer** penser – 9 **mettre qn au courant** informer qn – 17 **un mollet** Wade ; **ça lui fera les mollets** il gagnera en muscle – 28 **désarçonné** surpris, qui ne sait pas comment réagir

Jaurès soupire.

– Je comprends, murmure-t-il.

Il se souvient alors de la pension Séjal, où le vieil abbé lui avait appris le latin et le grec. C'est si loin, et pourtant il n'y a
5 pas un jour, pas un discours où Jaurès ne pense à la classe de l'abbé et aux belles batailles du sénat de Rome qu'il étudiait en écoutant les grillons. Il soupire. Puis il y avait eu le collège de Castres, où les deux fils Jaurès étaient boursiers. On les appelait le Gros et le Roux, lui et son frère… Il fallait en faire
10 des kilomètres à pied pour revenir à la ferme ! À la Fédial les attendaient sa mère, qu'on appelait Mérotte, et son père, à moitié paralysé déjà. L'oncle Barbaza, le frère de Mérotte, payait les frais pour le collège parce que son père était trop pauvre. Tout en regardant Paul, Jaurès se souvient enfin de
15 l'inspecteur Deltour, Nicolas Félix Deltour. Il l'avait presque oublié, et pourtant… C'était lui qui l'avait remarqué dans la classe de rhétorique du professeur Germa. C'était lui qui s'était battu, lui obtenant une bourse afin qu'il puisse entrer à l'internat du collège Sainte-Barbe, à Paris. Ce dernier était
20 à quelques pas de la place du Panthéon, et surtout de la rue d'Ulm, où le jeune Jaurès allait entrer premier malgré ses costumes élimés, son accent et sa barbe mal taillée, ravissant la place à l'élégant Bergson, le Parisien dont l'avenir était assuré. Ensuite, bien sûr, le destin s'était chargé seul de
25 creuser sa route. Le destin et le courage. Mais qu'y aurait-il eu sans Félix Deltour ? Qu'y aurait-il eu sans ce moment de pure générosité dans un monde où pourtant tout se vend et s'achète ?

Mais il n'y aura jamais assez de Félix Deltour pour
30 accompagner chaque gamin des faubourgs, pense Jaurès.

---

3 **un abbé** Pfarrer – 7 **un grillon** Grille – 8 **un boursier** un bon élève aidé financièrement pour qu'il continue l'école – 12 **paralysé** gelähmt – 13 **les frais de qc** ce que qc coûte – 18 **une bourse** de l'argent pour un bon élève pauvre – 22 **élimé** abgewetzt – 23 **Henri Bergson** *(1859–1941) philosophe français* – 24 **se charger de faire qc** es auf sich nehmen, etw zu tun – 30 **un gamin** *fam* un enfant – 30 **les faubourgs** *mpl* les quartiers extérieurs (populaires) de la ville

Et Paul ? Quel avenir pour lui si personne ne prend le temps d'entendre les mots enfermés dans ce cœur-là ?

– Quinze ans, répète-t-il. C'est presque l'âge de mon fils Louis.

5 La bougie vacille et plonge la pièce un instant dans l'obscurité. Dehors, on entend rire une femme. Jaurès regarde plus attentivement le garçon, soupire à nouveau puis remet ses lunettes. Allons, allons… Deltour… marmonne-t-il. Nous allons donc nous occuper de lui.

10 Il se dirige résolument vers sa table de nuit, sous la fenêtre. Il y prend un livre. C'est *L'Annonce faite à Marie*, de Paul Claudel. Il frappe du doigt sur la couverture comme si tout était écrit là-dedans. Paul se demande de quoi il s'agit. Mais Jaurès s'arrête, sourit à nouveau, repose le livre.

15 – Non, dit-il, celui-là, je veux encore le lire ! En ce moment, il m'arrive d'avoir besoin du bruit des cloches de Monsanvierge…

Il va à sa bibliothèque et en cherche un autre.

– Mais où est-il donc ? murmure-t-il.

20 Enfin, il trouve l'ouvrage qu'il cherchait, un livre ancien et très usé, et le garde à la main tout en reprenant son discours.

– Un jour, mon brave Mallavec, ceux qui voudront étudier le pourront. Mais il en faudra des lois ! Et ce seront nos batailles, mon ami. Nos belles batailles ! Dans cent ans, on parlera 25 encore de nous, tu verras, et des mots que nous aurons choisis pour nos enfants. Mais les noms des colonels et des va-t-en-guerre, ceux-là, on les aura oubliés !

En parlant, sa main coupe l'air comme s'il fendait du bois. Elle donne le ton de tous les combats à venir. Il a le torse rond 30 et solide des hommes de la terre. Mallavec est fasciné. Il a

---

5 **vaciller** donner moins de lumière pendant un instant – 10 **se diriger vers** aller vers – 10 **résolument** d'un pas décidé – 11 **Paul Claudel** *(1866–1955) poète et dramaturge français* – 17 **Monsanvierge** *couvent où se passe la pièce de théâtre* L'Annonce faite à Marie – 20 **un ouvrage** un livre – 21 **usé** vieux parce qu'on l'a beaucoup utilisé – 26 **un va-t-en-guerre** qn qui veut la guerre – 28 **fendre** couper en deux – 29 **le torse** partie du corps entre la taille et la tête

envie de se battre pour cet homme-là. Voilà, se dit le marin, c'est ainsi qu'on changera le monde.

– C'est pour cela, poursuit Jaurès, qu'il faut que nous soyons forts, toi, moi, et tous tes camarades, pour continuer les belles
5 œuvres de Zola et de Ferry.

Mais il est interrompu par une quinte de toux et porte la main à sa gorge.

– Allons, cela ne s'arrange pas. Et ces migraines aussi…

Il ajoute, sur un ton presque badin :
10 – Il faut tout de même que je sois en forme pour arrêter la guerre !

Ils se taisent tous les trois, chacun avec ses rêves. La voix de Jaurès résonne encore dans la pièce, ainsi que les mots d'histoire, de peuple et de paix.
15 – Tu aimes lire ? demande-t-il soudain à Paul.

Ses yeux sont clairs et vifs derrière ses sourcils broussailleux. Il observe le garçon.

– Oui, répond Paul timidement.

À nouveau ce sourire dans la barbe grise.
20 Je m'en doutais. Ça se voit dans ton regard. Alors je te prêterai des livres. Et ainsi tu prendras soin de moi, et moi de toi. Puis nous parlerons de l'avenir ensemble. Par exemple, de ce que l'on a dans le cœur à quinze ans ! Et tu liras les livres que je te donnerai, n'est-ce pas ?
25 Et je serai ton Félix Deltour… Mais cela, il ne le dit pas, c'est une pensée qui reste cachée derrière son sourire.

Au milieu de la pièce, il y a une lourde table basse de bois noir, comme Paul n'en a jamais vu, couverte de livres, la plupart à moitié ouverts, posés entre deux tasses de café
30 renversées. Une pipe dans un cendrier de verre bleu. Paul

---

5 **Emile Zola** *(1840–1902) écrivain et journaliste français* – 5 **Jules Ferry** *(1832–1895) homme politique français qui a rendu l'école obligatoire* – 6 **une quinte de toux** tousser fortement – 9 **badin** *blagueur* (scherzhaft) – 16 **vif** *ici :* wach – 16 **un sourcil** Augenbraue – 16 **broussailleux** buschig – 20 **se douter de qc** *ici :* être d'avance presque sûr de qc – 21 **prêter qc à qn** donner qc à qn pour un temps limité – 21 **prendre soin de qn** faire attention à qn – 30 **renversé** tombé – 30 **une pipe** Pfeife – 30 **un cendrier** Aschenbecher

regarde tous ces ouvrages qu'il ne connaît pas. Il ouvre la bouche pour répondre quelque chose et il a envie de poser mille questions à Jaurès. Il voudrait lui parler de Louis, d'Antoine, de Madeleine surtout. Il a envie de lui parler de la
5 nuit, de l'amour et des mots à choisir pour décrire une ombre sur une fenêtre.

Il a la sensation folle que ce petit homme étrange, qui dégage une telle force et une telle bonté, est là pour lui, uniquement pour lui. Je suis certain qu'il me comprend ! se dit
10 Paul. Il a envie de pleurer. Il essaie de parler mais il reste muet, comme Catherine, avec ses mots et ses désirs coincés dans la gorge.

– Je ne suis guère soigneux, comme tu le vois, poursuit Jaurès. Il ne faudra pas que cela t'effraie ! Et il arrive que je
15 dorme très tard le matin quand j'écris la nuit. Je compte sur toi pour frapper fort à la porte, n'est-ce pas !

– Oui, oui… Comptez sur moi ! pense Paul. Je serai là pour vous et vous pour moi.

– Et puis tiens, poursuit Jaurès, tu m'ouvriras les fenêtres.
20 D'autres fois, c'est le contraire, je me lève tôt, à six heures, et je marche une heure dans Paris comme si j'étais à la campagne. Tu seras donc là, n'est-ce pas ?

– Oui. Je serai là. D'autant que c'est un bel été !

À ces mots, Jaurès le regarde d'un air si triste que Paul
25 regrette immédiatement ses propos. Ce qu'il veut dire, c'est que l'été est beau parce qu'il est amoureux.

– C'est cela le plus étrange, murmure Jaurès. Quoi qu'il se passe, on ne pourra pas empêcher le soleil d'avoir brillé pendant l'été 1914.
30 Il se tourne vers Mallavec.

– Et en Bretagne ? Comment est-ce, l'été, par là-bas ?

8 **dégager** *ici :* ausstrahlen – 8 **la bonté** → bon – 10 **muet** qui ne peut pas parler –
13 **guère** pas très – 13 **soigneux** qui fait attention à ses affaires – 15 **compter sur qn**
faire confiance à qn qui doit faire qc

– Ah ça, citoyen ! répond ce dernier avec un large sourire, la Bretagne, c'est plus beau que tout, avec ses plages blanches au soleil. Elles brillent quand on les voit de la mer !

Mallavec est si fier de son pays qu'il s'en redresse de toute sa hauteur.

– Elle te manque, ta Bretagne ?

– Dame, c'est certain ! Mais mieux vaut ne pas trop y penser, n'est-ce pas ? Tant qu'on n'a pas le choix !

– Pas le choix… Oui. Tu as raison. C'est une chose dont il faut se souvenir, répond Jaurès pensivement.

Il ferme les yeux un instant et murmure.

– L'été est beau aussi à Toulouse. J'ai longtemps habité là-bas, tu le sais, n'est-ce pas ? Il y a tous mes amis de Carmaux. Les mineurs, les verriers. Ma femme voulait qu'on y reste, mon Dieu, c'était si simple ! Le café de la Paix, la place du Capitole et notre belle maison de Bessoulet. Après tout, j'aurais peut-être été un bon notable de centre droit. C'est ce qu'elle aurait voulu, je crois.

Oui. Le centre droit ! Quelque chose de confortable ! Il rit dans sa barbe.

– Et toi, tu me vois comme cela, Mallavec ? Quelle drôle d'idée, n'est-ce pas ? L'été est très sec par là-bas. Quand j'étais jeune, on faisait les foins avec mon frère. Parfois on se couchait dans les jeunes blés comme auprès d'une femme. C'était plein de plantes odorantes. La terre avait des palpitations profondes et pourtant si communes… Mais allez donc, voilà que je discours à nouveau ! Je suis incorrigible, Paul, il va falloir t'y faire.

---

7 **Dame !** na! – 7 **mieux vaut** c'est mieux de – 13 **Carmaux** *petite ville à 76 km de Toulouse, Jaurès en était le député (Abgeordneter)* – 14 **un verrier** qn qui fabrique du verre – 16 **Bessoulet** *nom du domaine où se trouvait la maison de Jaurès* – 17 **un notable** une personne importante par son argent et son éducation dans une ville – 17 **le centre droit** *politique* die rechte Mitte – 24 **un blé** Weizen – 24 **auprès** à côté de – 25 **odorant** qui sent bon – 26 **une palpitation** comme un cœur qui bat trop vite – 26 **commun** normal, connu – 27 **incorrigible** unverbesserlich – 28 **se faire à qc** s'habituer à qc et l'accepter

Le garçon l'écoute, assis sur le canapé, et il pourrait rester
là des heures. C'est la première fois qu'on lui parle ainsi
de l'été et de la terre brûlante. D'ailleurs ce ne sont pas
seulement les mots qu'il aime mais leur rythme, leur musique,
5 le monde qu'ils dessinent. La fille d'albâtre, la terre, les blés
qui palpitent… C'est cela ! pense Paul avec un enthousiasme
qu'il n'a jamais connu auparavant, c'est exactement comme
cela que je veux vivre ! Jaurès le regarde à nouveau comme
s'il l'avait entendu, et lui tend le livre qu'il tient toujours à la
10 main. Il lui sourit.

– Tu commenceras par celui-ci. Je crois qu'il te conviendra
parfaitement.

---

7 **auparavant** avant – 11 **convenir à qn** être ce qu'il faut pour qn

Chapitre 11

Sur le chemin du retour dans la nuit noire, collé derrière
Mallavec, Paul caresse au fond de sa poche la couverture en
cuir du livre que Jaurès lui a prêté. La plupart de ses amis
5 ont arrêté l'école juste après le certificat d'études, contents
d'avoir leur papier en poche. Lui, il est allé déjà bien au-delà
et il s'est battu pour le faire. Trois ans de plus au collège ! Mais
la décision est prise. Sa mère dit qu'il a deux mains et qu'elles
sont faites pour s'en servir. Dans le quartier, seule Suzanne
10 n'est pas d'accord. Tu devrais continuer tes études, lui a-t-elle
dit souvent. Paul se demande s'il est possible de retourner le
destin. Comment faire ? Partir au loin, comme Louis ? Il se
promet d'en parler à Jaurès. Lui saura.

L'instituteur est aussi de l'avis de Suzanne. Il est venu voir
15 Catherine, comme l'an dernier, mais cette fois, elle l'attendait
de pied ferme.

– Il peut aller plus loin, votre petit, lui a-t-il dit.Vous devriez
me laisser faire.

– Pour aller où ? lui a répondu Catherine en riant trop fort.
20 Allez va, je les connais, vos boniments. Vous pourriez nous
emmener un peu loin de chez nous si on n'y prenait garde !
Vous pourriez bien le mettre dans le fossé, mon gosse !

---

4 **le cuir** Leder – 5 **le certificat d'études** examen de fin d'études primaires (entre 11 et
13 ans) – 16 **de pied ferme** *exp* sans avoir peur – 20 **un boniment** une „belle histoire",
un mensonge – 21 **si on n'y prend garde** si on ne fait pas attention – 22 **un fossé** Gosse

– Pour devenir fonctionnaire, par exemple ! Ou même docteur ! Ça ne vous plairait pas qu'il devienne médecin, votre fils ? Croyez-moi, c'est un gosse qui a de l'or dans le cerveau. Et puis, madame, la France aura besoin de lui, ajoute l'instituteur. Avec cette guerre qui s'annonce, il faut songer aux générations futures.

– Allons bon, voilà qu'on parle de la France à présent ! Mais tout ça, c'est des si ! Ce ne sont pas des rêves pour nous, monsieur l'instituteur, sauf votre respect. Guerre ou pas, mon garçon apprendra vite un métier. L'or, de nos jours, il vaut mieux l'avoir dans les mains, et directement dans la poche. Ils n'ont qu'à courir tout seuls, les temps ! Non, monsieur, ce sera sans nous ! Et mon Paul, quand il aura sa paie à la fin du mois, je pourrai mourir en paix.

L'instituteur a fini par s'en aller, les épaules un peu basses.

– Ça y est, a dit Catherine d'un ton crâne. Te voilà un homme maintenant. Il n'y a rien à regretter. Paul a fermé les yeux. Il faut oublier. Oublier vite.

– Tourneur chez Renault. Mallavec. La Marne. Tout cela devrait bien suffire à remplir une vie, non ?

– Et mes livres ? a-t-il demandé.

– Quoi, tes livres ? lui a répondu sa mère.

– Je dois rendre aussi mes livres ?

– Bien sûr. Oui. Il va falloir les rendre, a-t-elle murmuré, en restant debout devant la porte, comme si l'instituteur pouvait revenir.

Puis elle a semblé hésiter un instant et quelque chose d'autre est passé dans son regard. Elle a soupiré.

– Je suis désolée, mon fils, mais tout cela n'est pas pour nous. Il faut savoir choisir ses rêves, Paul. Certains sont plus dangereux que d'autres.

Catherine ne l'a pas dit, mais elle a pensé à Mallavec, enfermé dans son idée d'un monde qui n'existera peut-être jamais.

---

1 **un fonctionnaire** Beamter – 13 **la paie** l'argent qu'on reçoit pour son travail – 16 **d'un ton crâne** fièrement et avec de la provocation – 27 **hésiter** zögern

– Ne te trompe pas sur toi-même, a-t-elle enfin murmuré.

– Mais sais-tu seulement qui je suis ? a pensé Paul avec colère.

Ces mots le poursuivent encore et, à chaque coup de
5 pédale de Mallavec, il écoute le sang qui bat si fort de son cou jusqu'au bout de ses doigts. Il paraît que le corps entier dépend de deux grosses artères, accrochées de chaque côté du cœur, qui pulsent sans cesse dans un sens et puis dans l'autre. Docteur ? Ouvrier ? Fonctionnaire ? Mais pourquoi
10 pas révolutionnaire, ou marin ? songe le garçon. Pourquoi choisirait-on pour moi ? Il pense alors aux livres de Jaurès, aux mille livres de Jaurès, ouverts sur sa table. Et soudain sa décision est prise. Je n'irai pas, se dit-il. Je n'irai pas à l'usine à l'automne. Je ferai autre chose. Je serai autre chose. Écrivain.
15 Peintre. Ou poète.

Paul ferme les yeux pour mieux sentir le vent du soir sur son visage. Je serai quelqu'un d'autre. Je n'irai pas.

Je serai celui qui n'a pas encore de nom ou de voix, mais qui palpite au fond de mon cœur. Je serai celui que je veux être.

20 – Dis, Mallavec ?

– Oui ?

– Tu es déjà tombé amoureux d'une bourgeoise ?

– Pourquoi me demandes-tu ça ? Tu t'intéresses aux bourgeoises à présent ? répond Mallavec, essoufflé, tout en
25 continuant à pédaler.

– Par curiosité.

– Fais attention, mon garçon. Ne te fais pas d'illusions là-dessus.

– Qu'est-ce qu'elles auraient de différent des autres ?

30 – Elles sont plus lourdes !

– Qu'est-ce que tu racontes ? dit Paul en riant.

---

4 **poursuivre qn** jn verfolgen – 7 **dépendre de** *ici* : fonctionner grâce à – 7 **une artère** Pulsader – 7 **accroché** festgeklammert

– Je veux dire qu'elles ont un passé que tu n'as pas, un avenir
tout tracé ! Au moins, notre misère nous donne une certaine
liberté ! Allez, dit Mallavec en mettant pied à terre, viens donc
un peu suer à ma place au lieu de penser à des bêtises.

5   – Mais…

– Qu'est-ce qu'il y a, mon gars ?

– C'est que je suis amoureux justement. Très amoureux. Et
d'une bourgeoise !

Ses cheveux brillent au soleil, il est beau, il a raison d'espérer
10 quelque chose de l'existence. Dans le fond, ils se ressemblent
avec Mallavec, sauf que le Breton est déjà usé par la vie.

Il se retourne pour regarder Paul. Sans s'en rendre compte,
celui-ci serre les poings : il est prêt à défendre ses rêves.
Mallavec ne sait plus quoi lui répondre. Faut-il vraiment lui
15 expliquer le monde tel qu'il est ? Non. On n'a pas le droit
de faire ce genre de choses. Mais on aura besoin de gamins
comme lui pour la grève, se dit-il encore. Il soupire. C'est
parfois tellement lourd de penser sans cesse à la révolution.
Quand il est parti de Quimper, la politique, il s'en fichait bien !
20 Il voulait juste voir le monde d'un autre point de vue que du
pont d'un bateau. Ça semblait facile avec tous ses cousins qui
descendaient à Montparnasse. Viens donc ! lui avait-on dit. On
te trouvera un boulot à Paris. Et puis la Gaîté, et des racines
qui poussent on ne sait comment, qui vous éloignent à jamais
25 de la mer. Mais facile, non, ça ne l'a pas été, ça ne l'a jamais
été ! Alors, il vaut mieux que Paul le sache dès maintenant,
avant que la vie le lui apprenne. Mallavec décide donc de tout
lui dire : ce qu'il sait des femmes, ce qu'il croit et ce qu'il ne
sait pas. Tant pis si ça fait mal au gosse. Il descend du vélo et
30 s'étire.

– Ça n'a rien à voir, dit-il. C'est juste que les bourgeois ont
trop d'objets, trop de mots, trop d'argent… Ça leur emplit

---

1 **un passé** Vergangenheit – 2 **tracé** *ici :* certain, organisé par la famille, la tradition… –
2 **la misère** le fait d'être très pauvre – 4 **suer** schwitzen – 13 **serrer les poings** die
Fäuste ballen – 19 **il s'en fiche bien** ça lui est complètement égal – 24 **pousser** wachsen

trop la tête pour voir le monde comme nous ! Ton amoureuse,
je ne la connais pas, seulement, mon gars, entre ton frère
ouvrier et ta reine bourgeoise, faudra choisir un jour. C'est la
lutte des classes, Paul. Il faut avoir partagé son établi pour le
5 comprendre. Tu verras. C'est ça, ton avenir.
   Il sourit si fort que ça donne envie de le croire. Avec lui,
la révolution sent la Bretagne. Mais Paul ne répond rien.
Comment lui faire comprendre ? se demande Mallavec. Et
comme il ne sait pas dire les choses mieux qu'avec ses mains,
10 il ouvre son sac à dos d'ouvrier. Il y a là sa gamelle, ses vieilles
chaussures et aussi un roulement à billes de sa fabrication. Ça
n'a l'air de rien. Juste une pièce de métal ronde avec cinq billes
minuscules incrustées dans une rainure sombre. Elle scintille
au creux de sa main, enveloppée dans du papier brillant
15 comme si c'était une poupée de Noël.
   – Regarde, dit-il à Paul, j'ai mis plusieurs semaines à faire
ça ! Le jour où tu essaieras, tu te coucheras en y pensant, tu te
lèveras à nouveau la tête à ça. C'est comme un mariage, Paul…
et jamais de main qui tremble, juste la certitude qui te fait
20 aller tout droit de l'épaule jusqu'à la paume. Il te faudra tant
d'amour qu'il n'en restera plus pour les bourgeoises !
   La pièce de métal est comme un cœur sur sa peau, ronde,
lisse, offerte.
   – Quand tu réussiras, tu seras si fier de toi que tu
25 comprendras tout le reste d'un seul coup, la politique, la vie et
les filles.
   Il a baissé la voix.
   – Elle est parfaite, non ? Tiens… Je te la donne. Pour oublier
ta bourgeoise.
30 Paul prend l'objet, le regarde longtemps en silence. Puis
Mallavec remet la bicyclette sur la route et ils repartent tous
les deux en se taisant.

---

10 **une gamelle en métal** une boîte en métal pour transporter son déjeuner au travail –
11 **un roulement à billes** Kugellager – 13 **minuscule** très petit – 13 **une rainure** Rille –
13 **scintiller** funkeln – 14 **enveloppé** placé dans un papier pour protéger

– Dis ?

– Quoi encore ?

– Et si c'est vraiment la guerre, tu iras, toi ?

– Ne parle pas de malheur, Paul.

5 – Oui, mais tout de même, c'est pour savoir : tu iras ?

– Pourquoi me demandes-tu ça ? Que veux-tu que je fasse d'autre ?

Lucien a dit qu'il n'irait pas.

– Ah oui ?

10 Mallavec reste silencieux, pédalant dans la nuit. Il songe à son carnet militaire. Mobilisable le premier jour. Régiment d'infanterie. Verdun. Puis il ajoute en riant :

– Eh bien, je ferai comme Lucien si je peux. Mais si je ne peux pas, je ferai comme les autres.

15 – Ça veut dire que tu iras.

– Je n'ai pas dit cela !

Mallavec se tait. Il pense à la Bretagne. Il essaie d'expliquer.

– Je veux juste dire que si mon pays est attaqué je le défendrai.

20 – Alors Lucien est un lâche ? Et la révolution, c'est moins important que la France ?

– Arrête, Paul ! Ce n'est pas non plus ce que j'ai dit, répond Mallavec, agacé et mal à l'aise.

– Et en Amérique… Pourquoi tu n'irais pas en Amérique ?

25 – Qu'est-ce que tu racontes encore ?

– Je dis qu'on pourrait aussi bien tous partir en Amérique. Il paraît qu'on peut devenir riche là-bas.

– Et comment tu y vas, en Amérique ?

– Comme tout le monde : en prenant le bateau !

30 – C'est qu'il me faudrait au moins dix ans de travail juste pour mettre de côté ce qu'il faut pour y aller, dans ton Amérique ! Et je n'ai jamais prévu ça, moi, dans la vie !

---

12 **Verdun** *ville de Lorraine, elle verra beaucoup de batailles, dont une très cruelle en 1916* – 23 **mal à l'aise** *gêné, qui ne sait pas trop quoi dire* – 26 **il paraît** *des gens disent* – 32 **prévoir qc** *planifier qc pour l'avenir*

– Mais la guerre non plus, ça n'était pas prévu, n'est-ce pas ?
Peut-être qu'il va falloir arrêter de faire ce qui était prévu,
non ? Peut-être qu'il faudra juste se débrouiller pour monter
sur un bateau sans payer ?

5   Mallavec ne répond rien, concentré à nouveau sur la route.
Nom de Dieu, pense-t-il, le gamin a peut-être raison… Et il se
dit que Catherine aurait une bien belle allure à l'avant d'un
ferry, le visage dans le vent, les cheveux flottant au-dessus de
l'Atlantique. Oui. Une belle allure. Et il se rappelle à quel point
10 il aime la vie.
        – Dis…
        – Oui ? Quoi encore ?
        – C'est quoi, pour toi, l'amour ? demande Paul d'une voix
très basse.
15   Mallavec aurait bien voulu répondre, mais c'est si difficile.
L'amour ? Il essaie de trouver les mots qu'un marin peut avoir
face à la mer. Il essaie. Il revoit soudain le visage de Catherine
quand elle lui a demandé de l'épouser. Est-ce cela l'amour ?
Suis-je passé à côté ? Mais il fait nuit, il est tard, et la vie n'est
20 pas si simple.
        – Écoute, Paul, tu es agaçant. Tais-toi à présent.
        – Laisse-moi donc pédaler.

---

8 **un ferry** un gros bateau pour traverser une mer, un océan – 8 **flotter** *ici :* voler dans
le vent

Chapitre 12

Jaurès est parti à Lyon et Paul est libre pour la journée. Il file
très tôt à son poste d'observation, devant la maison blanche.
Mais cette fois il traverse et s'arrête devant la grille du jardin.
5 *Je veux qu'elle me voie.* C'est une idée qui lui est venue au
matin. Toute la nuit, il a lu le livre que Jaurès lui avait prêté
et, à l'aube, il a enfin compris ce qu'il attend de la vie. *Je veux
exister. Je veux lui parler.* Paul a la sensation que sa vie ne
sera plus jamais la même. Il repense aux yeux de Jaurès, à
10 son sourire, aux mots qu'il faut choisir pour parler de la terre
chaude en été.

– Il faut attendre que Madeleine sorte.

– Il veut la voir de jour, la respirer, la toucher. Aujourd'hui
Paul est un conquérant, Paul est un Romain. Et après ? On
15 verra bien. Après, ce sont juste des mots et des détails. Il y a
des hommes à construire, a dit Jaurès. Il faut marcher dans la
tempête. *Le monde est peut-être en train de basculer*, se dit
Paul, *mais je ne tomberai pas avec !* Que ce soit la guerre ou
la grève, plus rien ne sera comme avant. *Il faut que je sache si
20 Madeleine m'aime.*

Il attend longtemps et le soleil commence à chauffer rude.

Dans la rue, des hommes à chapeau noir marchent d'un pas
lourd.

Au bout de deux heures, la chaleur et la vie qui s'éveille tout
25 autour de lui commencent néanmoins à le faire hésiter. Il

---

2 **filer** aller très vite – 14 **un conquérant** Eroberer – 21 **chauffer** → chaud –
25 **néanmoins** pourtant

repense aux paroles de Mallavec. Elle ne m'aimera jamais, se dit-il. À quoi bon ? Oui, mais comment partir à présent ?… Je vais attendre. Il faut attendre que viennent les choses. Il faut attendre d'avoir vingt ans. Il caresse le livre en cuir au fond de
5   sa poche et reprend confiance. C'est le livre de Jaurès. Celui qui ouvre les portes dans la nuit…

Et elle, quel âge peut-elle avoir ? Quinze, seize ans peut-être. Elle est petite, elle est comme un cœur, un bijou. Mais soudain des pas sur le gravier, dans la cour de la maison. Et
10 le rire d'une jeune fille. C'est elle ! Paul rougit, le souffle court comme s'il avait couru cent mètres, et ses mains tremblent. À nouveau des pas. Une voix d'homme crie quelque chose du perron. Le portail s'ouvre en grinçant. C'est elle.
Elle porte un ravissant costume d'été, une jupe bleu ciel
15 et un petit cardigan de coton rose. C'est elle ! Est-ce qu'elle peut entendre mon cœur qui bat plus fort que tous les bruits de Paris ? Comme la lumière est vive, elle relève brièvement les yeux pour regarder le ciel. Elle remarque alors ce garçon d'ombre appuyé contre la grille. Comme il est beau ! pense-
20 t-elle, et elle rougit. Il la regarde. Il me semble le connaître, se dit-elle avec surprise, mais c'est une idée si curieuse qu'elle en rit toute seule. À nouveau, ces yeux bleus la scrutent. Elle frissonne.
– Bonjour mademoiselle, dit Paul.
25 Il a la gorge sèche et la voix un peu rauque. Mais il l'a dit ! La vieille nourrice qui accompagne la jeune fille ne l'a pas entendu. Madeleine fait comme si elle non plus ne l'avait pas remarqué.
– Bonjour mademoiselle… répète-t-il un peu plus fort.

---

2 **à quoi bon ?** Wozu? – 9 **le gravier** Kies – 10 **le souffle court** qui respire comme qn qui a trop couru – 13 **un perron** le petit escalier devant une porte d'entrée – 13 **grincer** knarren – 14 **ravissant** très joli – 15 **un cardigan** Strickjacke – 15 **le coton** Baumwolle – 17 **vif** *ici* : intense – 17 **brièvement** pendant un petit moment – 22 **scruter qn** observer qn intensément – 25 **rauque** heiser – 26 **une nourrice** une femme qui s'occupe des enfants des autres

C'est fait. Le monde a basculé. Sans le savoir, Madeleine
tremble. Elle se penche vers la vieille femme et lui murmure
quelque chose à l'oreille. C'est la première fois qu'elle lui ment
mais cela lui vient tout naturellement. Elle dit que c'est le fils
5 d'une des amies de sa mère. La nourrice est surprise. C'est un
gamin des faubourgs. Mais peu importe, Madeleine est une
gentille fille et elle sait ce qu'elle fait. D'ailleurs la vieille est
trop bien payée pour faire des histoires et, après tout, le gosse
est beau comme un dieu. Ça n'est pas bien méchant !
10   – Bonjour, répond Madeleine, rougissante, en passant
devant Paul.

C'est tout. Leurs ombres se sont rapprochées. Elle passe
rapidement le coin de la rue. Elle ne se retourne pas mais elle
en a envie. Un instant, elle rêve de partir au bout du monde
15 avec un homme. Un instant, elle rêve de pouvoir faire ce
qu'elle veut de sa vie.

Elle est passée. Elle a le cœur qui bat. Elle l'a regardé et elle
a eu l'intuition d'elle-même. La nourrice est trop grosse et elle
a chaud, avec tous ses jupons. La journée sera longue, pense la
20 vieille. Pourquoi n'aurais-je pas le droit de rêver ? se demande
Madeleine.

Paul se redresse, il a pris dix ans, il est un homme. À ce soir,
à ce soir, mon bel amour. Ce soir, elle enlèvera sa chemise.
Et demain, je serai chez elle. Demain je la regarderai et je
25 lui parlerai encore. Bonjour mademoiselle, vous allez vous
promener ? Demain, il n'y aura pas la guerre. Parce que j'ai
quinze ans, parce que la vie est devant moi et parce que tout
est possible. Bonjour mademoiselle, savez-vous que je vous
aime ? Demain ce sera juste le mois d'août et il fera encore
30 plus chaud. On fera la grève, on changera le monde, et un jour
nous danserons ensemble sur les bords de Marne. Un jour je
poserai mes lèvres sur ton cou.

---

8 **faire des histoires** *fig* chercher à faire des problèmes – 9 **pas bien méchant** *fam* pas
grave

IV

LA MAISON DE BESSOULET

Prologue

Le mensonge de Berchtold

    Pasic est un homme avisé. En lisant l'ultimatum, il comprend instantanément la manœuvre de Berchtold mais il n'a que
5 *deux jours pour répondre… Nous sommes donc déjà au bord de la guerre, pense-t-il. La nouvelle est en train de se répandre dans toute la ville. Des groupes de passants se massent devant les bâtiments officiels. D'abord évacuer la famille royale, décide Pasic, ensuite accepter presque toutes les conditions des*
10 *Autrichiens, neuf sur dix. S'humilier, donc, tout en cherchant à garder un peu la face. Mais se donner une chance d'éviter la guerre…*
    En quelques heures, il arrive à convaincre le roi, à calmer les ministres. Et le lendemain, c'est seul et à pied qu'il se dirige
15 *vers l'ambassade d'Autriche-Hongrie. Le long du trottoir, des Serbes se massent en silence. Un vieil homme usé qui tente d'arrêter l'histoire. Pasic… Derrière les rideaux du bâtiment, l'ambassadeur Giesl le regarde fixement. Quel rôle suis-je donc en train de jouer ? se demande-t-il. Il est en nage. Il n'a*
20 *pas dormi. Quelle que soit la proposition serbe, la machine de guerre est déjà enclenchée et tout ne sera que prétexte. Un jeu*

---

3 **avisé** intelligent, qui réfléchit bien – 4 **instantanément** tout de suite – 7 **un passant** qn qui passe en marchant – 7 **se masser** former un groupe – 8 **un bâtiment** Gebäude – 10 **humilier** demütigen – 11 **garder la face** das Gesicht wahren – 15 **une ambassade** Botschaft – 19 **en nage** verschwitzt – 21 **enclenché** mis en marche – 21 **un prétexte** Vorwand

dont seulement quelques militaires et revanchards tirent les
ficelles monstrueuses.

Serions-nous donc tous des lâches ? pense Giesl, mais il ferme
les yeux pour oublier son rôle dans l'histoire.

5   *À ce moment-là, à Vienne, Berchtold touche presque au but*
et il n'a plus qu'une obsession : comment amener l'empereur
à signer au plus vite la déclaration de guerre, avant que les
Allemands n'aient le temps de réagir ou de donner leur avis ?
Il aurait alors commis deux actes terrifiants. Le premier,
10 *c'est de retarder la transmission de la réponse des Serbes aux*
Allemands. De vingt-quatre heures seulement, mais cela suffit.
Pendant ce temps, il rédige un texte dans lequel il explique
à François-Joseph que les troupes serbes ont déjà tiré sur les
Autrichiens et qu'il y a eu une fusillade près de Temes Kubin.
15 *« Les hostilités ont déjà commencé », écrit-il. Et il soumet une*
proposition de déclaration de guerre qui se termine par ces
mots déterminants pour François-Joseph qui se sent alors
agressé : « … d'autant que les troupes serbes ont déjà attaqué un
détachement des troupes impériales… »
20 *Le vieil empereur signe. Au même moment, Guillaume II*
reçoit la réponse des Serbes à l'ultimatum. En Autriche, le comte
Berchtold commet alors son ultime forfait : il supprime dans
la déclaration de guerre définitive la phrase relative aux coups
de feu des Serbes, car, dit-il, l'événement n'est pas confirmé.
25 *Ultime forfait, ultime mensonge, c'est ainsi que va parfois*
l'histoire. Et le 28 juillet, ce message, qui va embraser l'Europe,
est télégraphié à Belgrade :

---

1 **un revanchard** qn qui veut *se venger* (sich rächen) – 1 **tirer les ficelles** *fig* diriger –
5 **toucher au but** nah am Ziel sein – 9 **commettre** begehen – 10 **retarder qc** rendre qc
le plus lent possible – 14 **Temes Kubin** *ville de Serbie* – 15 **les hostilités** *fpl* les actes de
guerrre – 15 **soumettre une proposition** proposer qc – 17 **déterminant** important pour
la décision – 19 **un détachement** un groupe de soldats – 22 **un forfait** une faute, une
acte honteux – 22 **supprimer qc** enlever qc – 23 **un coup de feu** Schuss – 25 **ultime**
tout dernier – 26 **embraser qc** mettre le feu à qc

« *Le gouvernement royal de Serbie n'ayant pas répondu d'une manière satisfaisante à la note qui lui a été remise à la date du 23 juillet 1914 par le ministre d'Autriche-Hongrie à Belgrade, le gouvernement impérial et royal se trouve dans la nécessité de*
5 *pourvoir lui-même à la sauvegarde de ses droits et intérêts et de recourir à cet effet à la force des armes. L'Autriche-Hongrie se considère donc dès ce moment en état de guerre avec la Serbie.*

Le ministre des Affaires étrangères d'Autriche-Hongrie : comte Berchtold. »

---

5 **pourvoir à qc** s'occuper de qc – 5 **la sauvegarde de qc** la protection de qc – 6 **recourir à qc** auf etwas zurückgreifen – 6 **à cet effet** pour ça

Chapitre 13

Jaurès est rentré de Lyon, où l'accueil des ouvriers a été triomphal. Mais entre-temps la guerre a été déclarée par l'Autriche et il doit repartir d'urgence pour Bruxelles : une
5 réunion extraordinaire du bureau de l'Internationale socialiste a été convoquée pour étudier la possibilité d'une grève générale. Pour parler, enfin, de ce qui va se passer en Europe…
   – Entre, petit ! La porte est ouverte !
   Paul pousse doucement du pied la porte grise, les bras
10 chargés de lait et de pain.
   – Pose tout cela sur la table. Tu veux un bol de café ? Je n'ai pas dormi, figure-toi. Je crois qu'il faisait trop chaud, n'est-ce pas ?
   Jaurès a l'air fatigué mais il lui sourit quand même.
15 – Ou alors, c'est à cause de ces Autrichiens…
   Paul a envie de lui parler de Madeleine.
   – C'est ce que m'a dit Mme Jacquart, continue Jaurès, il faut que je me méfie des nuits trop chaudes. Je t'ai parlé de Mme Jacquart, n'est-ce pas ?
20 – Non, monsieur.
   – Ah, mais enfin ! Vas-tu cesser avec ces « monsieur » !
   C'est au tour de Paul de sourire.
   – D'accord, citoyen !
   Mme Jacquart s'occupe de mon ménage une fois par jour.
25 Avant, elle habitait chez nous mais je n'ai plus les moyens, j'ai

---

4 **d'urgence** sans attendre – 10 **chargé de** plein de – 12 **figure-toi** stell dir vor – 18 **se méfier de qc** faire attention aux dangers de qc – 24 **le ménage** *ici :* Haushalt

trop de dettes à force de ne faire que de la politique ! Mme Jacquart reste mon seul luxe et ma femme a sans doute raison quand elle me dit que je finirai ruiné !

Pendant qu'il parle, Jaurès tourne en rond dans
5 l'appartement. Il semble avoir oublié le livre qu'il tient dans sa main. Il parle sans cesse, des bribes de paroles. Mais une partie de son esprit est ailleurs, sans doute déjà en train de préparer les phrases qu'il faudra trouver demain à Bruxelles, pour convaincre le monde d'arrêter la guerre.

10 – Ah, mon garçon, dit-il soudain en se retournant avec un grand sourire, cette grève du mois d'août pourrait bien être le grand bras de fer de l'histoire entre le prolétariat et les gouvernements d'Europe ! Et nous y sommes presque ! Il nous faut juste encore deux semaines pour que tout cela se fasse à
15 Paris. Deux petites semaines et nous tiendrons notre affaire !

Il se frotte les mains comme un cuisinier satisfait.

– Alors ce sera vraiment la grève, cette fois ? demande Paul, plein d'espoir.

– Eh bien, je l'espère. Pendant que les Autrichiens
20 commenceront leur guerre, nous, à Paris, nous lancerons l'union des peuples !

Jaurès a l'air tellement heureux quand il parle du peuple.

– Qu'est-ce que je cherchais, déjà ? marmonne-t-il. C'est toujours pareil, avec elle, je ne retrouve jamais rien ! Que veux-
25 tu, c'est comme cela depuis que ma femme est repartie dans le Sud… Mais qu'est-ce que je te raconte, dis ? Est-ce que je t'ai déjà parlé de ma femme ? Elle est très jolie. Tiens, je vais te montrer une photo. Et ma fille aussi. Elle est si jolie, ma fille. Mais elles sont souvent à Bessoulet, vois-tu, c'est trop difficile
30 ici, évidemment. Il faut les comprendre. Avec toute cette haine autour de moi.

Soudain il s'arrête.

---

1 **une dette** de l'argent qu'on doit rendre à qn – 6 **des bribes** *fpl* des morceaux de phrase – 12 **un bras de fer** Machtprobe – 16 **se frotter les mains** sich die Hände reiben – 20 **lancer qc** *ici* : faire commencer qc

– Et puis je pense à mes discours, vois-tu, petit… Il baisse la voix.

– J'y pense sans cesse ; la nuit, le jour. Je ne suis jamais complètement là. Parfois, je dors avec mon stylo à la main.
5 Alors tu comprends comme c'était difficile pour ma femme ? Il ne faut pas la juger, n'est-ce pas ? Pour mon fils c'est différent, je crois qu'il aimera aussi la politique.

Il regarde Paul avec une sorte de souffrance mêlée d'une immense bonté. Le garçon a soudain envie de tendre les
10 mains pour l'aider un peu à porter le monde, mais elles restent dans les poches de son pantalon. C'est dur, parfois, de tendre les mains aux autres. On a peur de les gêner.

Jaurès s'assoit lourdement dans son canapé. La lumière dessine de grands traits sur le parquet. Même avec les volets
15 fermés, il fait déjà très chaud. Si la guerre arrive, les soldats partiront sous le soleil, pense Paul.

– Mais enfin ! reprend Jaurès. Je crois que je le tiens, mon discours !

Il pousse un soupir, frotte ses mains sur son pantalon et
20 éclate de rire.

– Ah oui, cette fois-ci, je le tiens et je t'assure, mon garçon, je reviendrai de Bruxelles avec la grève générale dans ma poche ! On agira comme des démocrates et comme des hommes intelligents. Ni guerre ni révolution. Mais un monde nouveau.
25 Allez, viens, allons fêter cela ensemble !

Jaurès s'arrête soudain de parler et fixe plus attentivement le garçon. Paul a une veste et un pantalon trop courts. À vrai dire, depuis quelques mois, tout lui est devenu un peu trop court dans la vie, avec cette impression que le monde n'est plus à la
30 mesure de ses rêves. Mais comment expliquer cela ?

---

8 **la souffrance** quand on a mal – 8 **mêlé de** mélangé avec – 14 **un trait** Strich – 17 **je le tiens** je l'ai enfin – 20 **éclater de rire** rire tout à coup très fort – 21 **je t'assure** tu peux me croire – 29 **à la mesure de qc** assez grand pour recevoir qc

Jaurès sourit et lui demande :

– Dis-moi, petit, qu'est-ce qui te rend si heureux ?

– Je ne sais pas !

C'est idiot de répondre cela. Paul sait parfaitement ce qui
5 le rend heureux. Il aurait dû dire : c'est Madeleine ! C'est
parce que je vais l'enlever et l'emmener en Amérique. Je vais
prendre un bateau blanc et rester toute la nuit sur le pont. Je
vais la serrer contre moi pour qu'elle n'ait pas froid. Et nous
attendrons que le jour se lève, et elle deviendra comme un
10 oiseau dans mes bras. Ah ! Monsieur Jaurès, dites-moi que
cette histoire est possible !

– C'est difficile de raconter parfois, n'est-ce pas ? reprend
Jaurès en souriant. Tu sais, petit, poursuit-il comme si Paul lui
avait répondu, ce que j'aimerais le plus au monde à présent,
15 c'est aller me promener dans les bois à Bessoulet. Il doit faire
si beau là-bas. J'aimerais me promener avec ma fille et mon
fils et leur prendre le bras, et les sentir légers et heureux, et je
leur apprendrais le nom de chaque fleur et de chaque plante.
Je n'ai pas fait cela avec eux depuis si longtemps, Paul.

20 – Quel âge a votre fils ?

– Seize ans. Juste un peu plus âgé que toi, mais je… Je
ne le vois pas assez… pas souvent… avec la politique, tu
comprends ? Il faudra que je me fasse pardonner un jour. Et
ton père, comment est-il avec toi ?

25 – Moi, je n'en ai pas, de père.

– Excuse-moi, mon garçon.

– Il ne faut pas vous en faire ! dit Paul, étonné qu'on puisse
s'excuser pour cela.

– Tu veux un peu de café, petit ? Mme Jacquart en a fait ce
30 matin. Elle est passée tôt. Tiens, assieds-toi là.

Paul s'assoit, un bol fumant de café noir devant lui. Ni l'un
ni l'autre ne disent plus rien.

---

6 **enlever qn** jdn entführen – 15 **des bois** *mpl* une petite forêt – 17 **léger** *fig* qui n'est
pas inquiet – 27 **s'en faire** être inquiet ou gêné – 31 **fumant** dampfend

– Mais si j'en avais un, de père, murmure enfin Paul, tout doucement, en regardant son bol, je crois que j'aurais bien aimé me promener avec lui dans les bois.

Et par une chance incroyable, un rayon de soleil tombe à
5 ce moment-là en diagonale sur la table basse, éclairant d'un trait doré tous les papiers noircis. Jaurès sourit. Il regarde Paul. C'est lui qui a fait entrer le soleil dans ses livres. Le garçon brille comme une belle aube sur les champs de blé.

– Dis-moi la vérité, à présent. Qu'est-ce qui te rend si
10 heureux ?

– Cette fois, Paul n'est pas surpris. Le monde entier tourne autour de la fille d'albâtre. Et Jaurès voit au travers des âmes.

– C'est que je suis amoureux.

– Elle est belle, ton amie ?
15 – Bien sûr !

– Raconte-moi cela !

Et Paul lui raconte tout, en serrant le bol de café chaud entre ses deux mains. La nuit dans les beaux quartiers, la couleur de sa cigarette à côté des étoiles et la forme blanche des épaules
20 de son bel amour. Elle s'appelle Madeleine, conclut-il, et Jaurès lui dit en riant : quel beau prénom ! C'est celui de ma fille !

Paul parle des bateaux à Marseille et de son rêve d'Amérique, parce qu'il faudra emmener Madeleine loin, le
25 plus loin possible. Jaurès ne dit rien. Il l'écoute. Il pense à sa propre vie. Et il comprend.

– En Amérique, finit-il par dire, crois-tu vraiment qu'on soit plus heureux là-bas ?

Mais peu à peu, sans doute grâce à cette lumière blonde sur
30 le sol, il se prend à rêver en écoutant Paul. Il se souvient des longues promenades à la Fédial, des grandes nappes blanches

---

4 **un rayon de soleil** Sonnenstrahl – 12 **au travers de** durch – 30 **se prendre à** *ici :* commencer à – 31 **la Fédial** *nom de la maison des parents de Jaurè*s – 31 **une nappe** Tischdecke

que Mérotte étalait sous le figuier. Il arrivait souvent que les
voisins passent sans prévenir, et l'on restait à table la moitié
de l'après-midi, si bien qu'il fallait réchauffer plusieurs fois le
café. Il aimait l'odeur de sa mère quand elle se penchait vers
5 lui. Son sourire dans l'ombre. On prenait le temps. Parfois,
elle l'embrassait doucement sur les cheveux, personne ne le
voyait. Les odeurs de la campagne étaient si fortes. La lavande,
le thym, le romarin. Marie-Paule aussi s'asseyait sous l'arbre
quand elle venait avec ses parents. Je ne sais même plus
10 quand je l'ai rencontrée, pense Jaurès, en fait je l'ai toujours
connue. Marie-Paule… Je me souviens de son profil sous son
chapeau de paille. La courbe de sa joue. Tout était d'une telle
évidence. Et quand elle riait, elle renversait son visage vers
le ciel. Qu'est-elle donc devenue ? Se souvient-elle encore de
15 moi ?

Il a oublié ce qui l'entoure. Paul le regarde, étonné, et lui
demande enfin :

– Dites ? Vous croyez que j'ai tort ?

– À propos de quoi, mon garçon ?

20 – Mais de Madeleine !

– Eh bien, quoi ?

– Est-ce que j'ai tort de l'aimer ? Mallavec dit que je ne
devrais pas m'attacher à une bourgeoise.

Paul a besoin d'espoir. Même la révolution ne lui suffira pas.
25 Jaurès sent du sable au fond de sa poche. D'où cela peut-il
bien venir ? Cela fait si longtemps qu'il n'a pas marché dans
le sable. Et il lui vient une pensée curieuse : qu'ai-je donc
fait de ma vie ? À cause de ce garçon, voilà qu'il se souvient
soudain de son enfance et de son premier amour. Cela fait
30 si longtemps qu'il n'avait pas pensé à l'amour. Il récitait à
Marie-Paule des poésies de Baudelaire en marchant dans les

---

1 **étaler qc** poser qc à plat – 1 **un figuier** Feigenbaum – 12 **un chapeau de paille**
Strohhut – 12 **une courbe** Kurve – 23 **s'attacher à qn** commencer à aimer qn – 30 **réciter
qc** dire qc qu'on connaît par cœur – 31 **Charles Baudelaire** *(1821–1867) poète français*

blés. Ses parents étaient amis avec les siens mais c'étaient de riches bourgeois de la région, et leur amitié n'allait pas jusqu'à donner leur fille à un garçon qu'ils jugeaient sans avenir. Pourtant Marie-Paule et Jean s'aimaient. Jaurès n'avait pas
5 hésité un seul instant à la demander en mariage. Il n'entendait rien du monde autour de lui. Rien que l'odeur de la terre et des blés et la couleur des cheveux de Marie-Paule, celle de sa peau, de ses yeux… et ensuite, qu'y a-t-il eu dans ma vie ? Ensuite, la mort de papa, Toulouse, et puis le mariage arrangé
10 avec Louise et la politique, oui, surtout la politique… Mais Louise, l'as-tu aimée, Louise ? Bien sûr que je l'ai aimée ! Et mes enfants également. Ma petite Madeleine, et Louis…

Jaurès a envie de pleurer comme un homme qui se souvient de sa vie avant de mourir. Lui qui est si fort pourtant, capable
15 de se dresser contre l'Europe entière, il a les larmes qui montent aux yeux comme s'il n'avait pas vu le soleil depuis longtemps. L'amour… Paul le regarde sans comprendre, ou plutôt non, il a l'air de tout comprendre, justement. Jaurès lui sourit.
20   – Je suis un vieil imbécile, ne t'inquiète pas. C'est parce que je suis si fatigué… Et à propos de Mallavec, je crois qu'il a tort, mon garçon. Il te parle de politique et non d'amour. Alors, Paul, il faut que tu te battes pour cette fille. Ne fais pas la même erreur que moi. Il y a la politique et cette belle grève
25 à venir, mais il y a la vie aussi. Toi, tu seras du côté de la vie, et peu importe ce qu'on te raconte. Il n'y a que toi qui comptes et ce que tu seras capable de construire. J'ai aimé une jeune femme qui n'était pas du même milieu que moi. Je voulais l'épouser et elle m'aimait. J'aurais dû me battre mais je ne
30 savais pas encore le faire. Et puis, vois-tu, je ne sais me battre que pour les autres ! Allons, allons, mon garçon, il n'y a pas

---

9 **un mariage arrangé** un mariage organisé par les parents, sans amour – 13 **avoir envie de** *ici :* ressentir le besoin de – 20 **un imbécile** un idiot – 24 **une erreur** une faute – 26 **peu importe** cela doit t'être égal – 29 **épouser qn** se marier avec qn

d'âge pour l'amour : tu n'es pas trop jeune et je ne suis pas trop vieux !

Et cette fois Jaurès le regarde comme un ami, bouleversé d'avoir oublié tant de choses.

5   L'espace d'un instant, malgré la guerre, le temps qui passe et la politique qui construit les mondes à l'envers, ils ont vingt ans tous les deux, ils sont amis au pays des premières amours et ils se promènent ensemble, l'un tenant Marie-Paule par la taille, et l'autre Madeleine. L'espace d'un instant, Jaurès pense

10 que la politique a été une bien cruelle maîtresse. Mais il finit par se lever et pose la main sur l'épaule du garçon :

– Il est temps. Malheureusement on m'attend à l'Assemblée, et l'amour n'arrêtera pas les Autrichiens ! Et à nouveau il y a la guerre à côté d'eux, qui rend toute chose inutile.

---

3 **bouleversé** qui ressent une émotion très forte – 6 **à l'envers** verkehrt herum – 10 **une maîtresse** Geliebte – 12 **l'Assemblée (nationale)** Nationalversammlung

Chapitre 14

Une femme arrive en même temps qu'eux dans le salon, en bas.

– Monsieur Jaurès !

– Allons, vous revoilà, madame Jacquart. Qu'est-ce qu'il y
5 a donc ? Je vous présente le jeune Paul qui vient m'aider le matin.

– C'est pas ça, monsieur Jaurès, mais faut pas que vous sortiez par là. C'est trop dangereux pour vous. C'est pour ça que je suis revenue.

10 Mme Jacquart a l'air très agitée et secoue son sac à main tout en parlant.

– Allons donc, ma brave femme, qu'est-ce que c'est que cette histoire à présent ?

– Je vous jure, monsieur Jaurès, je les ai tous vus en vidant la
15 poubelle. C'est pour vous qu'ils sont là.

– Mais de qui parlez-vous ?

– Là ! dit-elle en montrant la porte d'entrée. De tous ces gens qui ne vous aiment pas, monsieur ! Et des journalistes ! Ils sont tous là, à vous attendre depuis des heures. Comme des
20 corbeaux. Rapport au discours que vous allez faire demain à Bruxelles, tout le monde est au courant. Vous ne lisez donc pas ce qu'on dit de vous dans les journaux ?

– Non, madame Jacquart. Je ne lis pas ces journaux-là.

Jaurès s'assied, réfléchit un instant puis la regarde fixement.
25 Paul se tient debout derrière lui, silencieux.

---

4 **vous revoilà** vous êtes de nouveau là – 10 **agité** nerveux et inquiet – 12 **brave** *ici* : bon – 20 **un corbeau** Rabe – 20 **rapport à** *fam* à cause de – 21 **être au courant de qc** savoir qc

– Mais dites-moi, et vous ?

– Quoi, moi ?

– Qu'en pensez-vous ?

– De quoi ?

5 – De moi.

– Ah, mais pourquoi vous me demandez ça ?

– Cela m'intéresse, madame Jacquart. C'est peut-être même très important.

– Très bien, puisque vous y tenez et si ça peut vous
10 empêcher de sortir ! Eh bien, je pense que c'est vrai que vous aimez bien les boches, vu le nombre de livres en allemand que j'ai vu chez vous ! Mais je crois aussi que vous êtes pour les ouvriers avant tout. Là-dessus, on ne peut pas se tromper.

Elle baisse la tête en parlant et en secouant le menton
15 en direction de Paul comme si elle essayait de lui expliquer quelque chose. Jaurès ne dit plus rien. Il est très abattu.

– Pourtant j'aime aussi la France, madame Jacquart, je l'aime tant…

– Moi, je veux bien vous croire, monsieur Jaurès, mais allez
20 leur dire dehors, à tous ceux qui veulent vous tuer !

Le mot est dit. Elle met la main sur sa bouche, effrayée elle-même, mais c'est trop tard. Dehors, la foule est silencieuse. Juste quelques raclements de pieds, quelques toux. Des voix d'hommes qui disent aux autres de se taire. Des respirations
25 qui s'unissent dans la haine. Combien sont-ils ? C'est impossible, se dit Paul au désespoir. Ils ne peuvent s'en prendre à cet homme, que je connais et qui est si bon ! Ils se trompent tous. Il faut leur expliquer. « Reste avec lui, a dit Mallavec, il est en danger. » En danger ? Soudain, Paul a
30 peur. Que va-t-il se passer ? Là, maintenant, rue de la Tour, et demain à Bruxelles ? Et après demain à Paris ? Il serre les poings. Eh bien, demain, je l'accompagnerai avec tous les

---

9 **puisque vous y tenez** si vous le voulez absolument – 11 **un boche** *péj* un Allemand – 16 **abattu** rendu très triste – 23 **un raclement de pieds** le bruit des pieds sur le sol – 23 **une toux** → tousser – 25 **s'unir** sich verbünden – 26 **s'en prendre à qn** vouloir attaquer qn

copains jusqu'à la gare, le gros Jules, Louis, Antoine, et s'il le faut j'en trouverai d'autres. Demain, nous serons tous là pour le défendre, tous ceux de la rue de la Gaîté.

Mais combien sont-ils à présent ? La foule gronde et grossit.
5 Il suffit d'un revolver, d'un fou. Ce serait le premier coup de feu de la guerre, pense Paul. Il a peur soudain de ce mot qui lui est venu si naturellement. Mais Jaurès paraît calme. Il tapote machinalement de sa canne le bout de sa chaussure. Il sait et il comprend. Le voilà qui sourit à nouveau.

10 – Me tuer ? C'est donc que je commence vraiment à les gêner ? D'une certaine façon, c'est une bonne nouvelle que vous m'apportez là !

– C'est pas des façons de parler, monsieur. Sûr que c'est pas des façons de parler même si j'y connais pas grand-chose à la
15 politique.

– Mais alors, les interrompt Paul en avançant au milieu du salon. Qu'est-ce qu'on fait ?

– Vous sortez par-derrière, un point c'est tout, répond Mme Jacquart avec autorité. En espérant que les escrimeurs du
20 dimanche ne sont pas plantés par là aussi.

Jaurès semble alors se réveiller.

– Merci, Thérèse. Merci pour tout. Et n'ayez crainte. Nous allons directement à l'Assemblée où nous retrouverons tous les camarades.

25 – Dites, monsieur…

– Oui, Thérèse ?

– Vous allez lui dire quoi, au ministre de la Guerre ?

– Et vous voudriez que je lui dise quoi ?

– C'est pas complètement clair pour moi, monsieur. Parfois
30 je ne sais plus trop, quoique je penche plus pour la paix, dans le fond.

---

4 **grossir** devenir plus gros – 7 **tapoter** leicht klopfen – 8 **machinalement** comme un réflexe – 8 **une canne** Spazierstock – 19 **un escrimeur** Fechter – 19 **du dimanche** *péj* amateur (pas très bon) – 20 **planté** *ici :* en train d'attendre – 22 **n'ayez crainte** n'ayez pas peur – 30 **pencher pour qc** *fig* être plutôt pour qc – 30 **dans le fond** im Grunde genommen

– Eh bien, j'essaierai de lui parler du fond, dit Jaurès en se relevant. Mais vous savez, normalement, c'est un ministre des Affaires étrangères, pas un ministre de la Guerre…

– Bon, bon… alors je vous montre le chemin ?

5 – Pas besoin, ma brave amie, pas besoin. Nous allons voir tous ces gens-là et discuter un brin !

– Mais vous n'avez donc pas entendu ce que je vous ai dit ? lui répond Mme Jacquart, stupéfaite.

– Si, Thérèse, justement. Mais croyez-vous donc que je 10 manque à ce point-là de courage pour ne pas affronter quelques journaleux et quelques agressifs ? Les journaleux sont bêtes et les agressifs sont malheureux. Il y a des mots pour cela. Il faut aussi que j'apprenne à les trouver. Allons, allons, poussez-vous, Thérèse, je ne voudrais pas arriver en 15 retard à l'Assemblée.

– Il n'en fera donc jamais qu'à sa tête ! murmure-t-elle en reculant dans l'ombre. Mais faites attention à vous, monsieur Jaurès. Ce sont des méchants, ces gars-là. Vous croyez trop dans la bonté humaine !

20 Elle a raison, se dit Paul en gonflant les épaules, prêt à affronter la foule. La lourde porte s'ouvre enfin et l'on entend d'un seul coup une sorte de clameur enragée : « Pour la guerre ! À bas Jaurès ! À bas l'Allemand ! » Et puis encore une voix, plus haut perchée que les autres. C'est une jolie femme, 25 sur la droite, avec une robe bleu ciel, des talons hauts et des cheveux blonds qui lui descendent à la taille. Elle est agrippée à la grille. On croirait un ange.

– À mort Jaurès ! crie-t-elle en tendant le poing vers le ciel.

---

6 **discuter un brin** *fam* parler un peu – 11 **un journaleux** *péj* journaliste – 14 **se pousser** faire de la place – 16 **n'en faire qu'à sa tête** n'écouter aucun conseil – 20 **gonfler** *ici :* essayer de faire paraître plus gros – 21 **affronter qn** jdm gegenübertreten – 22 **une clameur** les cris de la foule – 22 **enragé** rasend, wütend – 24 **une voix haut perchée** hohe Stimme – 25 **des talons** *mpl* **hauts** Stöckelschuhe – 26 **agrippé à** qui se tient très fort à qc – 28 **À mort Jaurès !** Tuez Jaurès !

Chapitre 15

Ils réussissent à passer. Le taxi qui les attend est un
sympathisant. Il s'est avancé au plus près de la maison et ils
ont atteint la voiture malgré la foule. Les gens n'ont pas osé
5 attaquer.
– Ils sont fous ces gars-là, dit l'homme en les regardant dans
le rétroviseur. Il ne faut même pas les voir, monsieur Jaurès.
Nous, on compte sur vous. Et tout Belleville descendra sur
Paris en un clin d'œil quand vous nous le direz !
10 Ils font un détour pour déposer Paul rue de la Gaîté. La
voiture s'arrête au bout de la rue, pas très loin de la boutique
de Suzanne. Paul en profite pour aller déjeuner chez elle.
Comme il s'éloigne, il entend Jaurès qui le rappelle.
– Paul ?
15 – Oui ?
– Ne t'inquiète pas pour tout cela ! lui dit-il. N'oublie pas
ce que nous avons dit ce matin à propos de l'amour ! Et on se
revoit dans deux jours, n'est-ce pas ?
Paul ne répond rien mais il garde en lui cette image de
20 Jaurès, souriant, penché à la fenêtre de sa voiture, en train
de caresser sa barbe comme à son habitude. Ses yeux bleus
pétillants de gentillesse brillent dans l'ombre.
– Alors, comment est-il ? demande Suzanne un peu plus
tard.

---

3 **un sympathisant** qn qui aime bien un homme politique même s'il n'est pas membre
de son parti – 4 **atteindre qc** etw erreichen – 7 **un rétroviseur** Rückspiegel – 8 **Belleville**
quartier populaire de Paris – 9 **en un clin d'œil** très vite – 10 **faire un détour** ne pas
prendre le chemin le plus direct pour aller quelque part – 10 **déposer qn** jdn absetzen –
22 **pétillant** funkelnd

– Qui donc ? répond Paul, la bouche pleine.

– Mais Jaurès ? Comment est-il ? Que dit-il ?

Suzanne est assise en face de lui, plongée dans son ouvrage. Elle a l'air très fatiguée et Paul la trouve un peu étrange, encore
5 plus rêveuse que d'habitude. C'est que je me couche très tard, répond-elle quand on lui dit qu'elle a mauvaise mine. Paul s'arrête un instant de manger. Il repense au vieil homme dans son appartement et à cette femme en bleu, debout sur la grille. Il lui raconte. Puis il conclut :

10 – Je crois qu'il est triste. Et seul aussi.

– Il n'a donc pas de femme ?

– Si, mais elle préfère sa maison du Midi.

– Et des enfants alors ? Il n'a pas d'enfants ?

– C'est pareil. Et puis, il travaille beaucoup.

15 Pas besoin de préciser, Suzanne peut comprendre. Il répète seulement : « Je crois qu'il est très seul », et en disant cela, Paul réalise à quel point Jaurès compte à présent pour lui. Il pense à la chambre sombre, à cette sensation qu'il a eue d'être compris et de comprendre.

20 – Il m'a donné un livre, dit-il à Suzanne.

Elle s'est arrêtée de coudre, soudain oppressée. Cela lui arrive en journée à présent. Avant, ce n'était que la nuit. L'image de Paul se brouille devant elle, et il lui semble perdre la respiration.

25 – Suzanne, ça va ?

D'un bond, Paul est à genoux devant elle.

– Que se passe-t-il ? demande le garçon. Qu'est-ce que tu as, Suzon ?

– Rien, rien… C'est à cause de cette chaleur… Juste un petit
30 malaise… Donne-moi donc un verre d'eau au lieu de faire cette tête-là.

---

3 **plongé dans qc** vertieft in – 3 **un ouvrage** *ici :* un travail manuel – 6 **avoir mauvaise mine** avoir l'air malade – 18 **sombre** avec peu de lumière – 21 **coudre** nähen – 21 **oppressé** bedrückt – 23 **se brouiller** unscharf werden – 26 **un bond** Sprung – 30 **un malaise** un moment où on se sent mal

C'est passé. Elle va mieux. Ce n'est pas pour cette fois-ci, pense-t-elle en écoutant son cœur battre à toute allure.

– Ne dis rien à Lucien, n'est-ce pas ? demande-t-elle à Paul en lui serrant la main. Ça l'inquiéterait pour rien, tu comprends ?

– Oui je comprends, dit Paul.

– Alors quel livre ? demande Suzanne en souriant à nouveau.

– Des poésies de Baudelaire, répond Paul.

– Baudelaire ? Je ne l'ai jamais lu… Et pourquoi t'a-t-il offert ce livre-là ?

– Je ne sais pas.

C'est faux. Paul sait pourquoi. Les mots de Baudelaire sont déjà en lui, il les lit le soir sous les fenêtres de Madeleine. Les mots de Baudelaire ouvrent la nuit. Suzanne sourit. Après tout, peu importe. Mais à nouveau la douleur recommence à la tenailler et elle pense à Jaurès, seul face à la foule qui l'insulte. Ses jambes se dérobent sous elle et elle se raccroche à la chaise pour que Paul ne voie pas sa faiblesse.

« Quelques mois à peine », a dit le médecin, mais il y a une si grande différence entre un et deux mois quand il s'agit de vivre ou de mourir.

Les signes sont là. Depuis quelques jours, Suzanne se sent de plus en plus faible et elle crache du sang. Elle tremble et n'entend pas tout ce qu'on lui dit. Le fond de ses yeux est empli d'une lueur d'inquiétude qui lui obscurcit le regard.

Je vais mourir, je vais mourir, se répète-t-elle, mais rien n'y fait. Ce n'est pas une idée qu'on apprivoise.

– Suzanne ?

Paul est inquiet de la voir ainsi perdue dans ses songes.

---

2 **à toute allure** très vite – 16 **tenailler qn** *ici* : jdn quälen – 16 **insulter qn** *ici* : jdn beschimpfen – 17 **ses jambes se dérobent** elle sent qu'elle pourrait tomber – 17 **se raccrocher à qc** sich festhalten – 18 **la faiblesse** ≠ la force – 23 **cracher** spucken – 25 **obscurcir** → l'obscurité – 27 **apprivoiser qc** *fig* s'habituer à qc

Il faut que je prenne une décision, pense-t-elle. Son atelier est toujours trop sombre parce qu'il est au rez-de-chaussée. La petite flamme bleue d'un chauffe-eau tremble sans cesse et jette une lumière fragile sur la pièce. Cela dessine des
5 vagues sur le mur. Sa table à couture est grande, solide, faite en bois sombre, et épaisse comme deux mains d'homme. Une machine à coudre rouge y trône. Cela sent l'ordre et le courage. La lumière de la lampe fait briller ses cheveux blancs.
　　Et si elle mourait un jour ? pense soudain le garçon. Cela
10 lui serre le cœur. Il faudra tout oublier pour pouvoir partir en Amérique, se dit-il.

　　Suzanne travaille sur une robe de mariée en soie blanche surbrodée de fleurs d'argent. C'est très difficile de ne pas tirer les fils. Cela fait plus d'une semaine que Paul regarde la robe
15 pousser. Qu'est-ce qu'elle serait belle, la fille d'albâtre, dans une robe comme celle-ci !
　　Il se met à côté sans rien dire, comme un gosse, pour tenir le tissu afin que la piqûre soit droite. Il sait faire. Suzanne lui sourit comme s'il avait encore six ans.

20 　　La première fois qu'elle l'avait vu, ils étaient là tous les deux, avec Catherine, devant la vitrine. Il ne quittait pas sa mère des yeux, tout mouflet qu'il était. Il attendait qu'elle se penche, prêt à l'aider et à faire le petit bout d'homme, le nez levé pour récupérer les effluves de son parfum bon marché. La Grande
25 Catherine venait d'arriver dans le quartier, venue d'on ne sait où avec son gosse sous le bras. Elle serrait trop fort la main du petit.
　　– Je cherche du travail, avait-elle dit. Je viens d'arriver…
Vous n'auriez pas besoin d'aide, par hasard ?

---

2 **le rez-de-chaussée** l'étage d'une maison situé au niveau de la rue – 3 **un chauffe-eau** Boiler – 5 **une vague** Welle – 10 **serrer le cœur** rendre qn très triste – 12 **la soie** Seide – 13 **surbrodé** bestickt – 14 **un fil** Faden – 18 **un tissu** Stoff – 18 **une piqûre** *ici :* Naht – 21 **une vitrine** Schaufenster – 22 **un mouflet** *fam* un petit enfant – 24 **récupérer** *fig* einfangen – 24 **un effluve** Geruch – 24 **bon marché** billig

Suzanne aurait bien voulu, mais ça n'aurait pas été raisonnable.

– Moi non, mais allez donc voir plus bas dans la rue. Vous voulez prendre un café ? Le gosse a l'air d'être gelé. Allez,
5 entrez donc.

– On ne vous dérange pas ?

– Faites pas de manières !

Entre elles deux, les choses avaient été dites rapidement, comme cela se passe parfois avec les belles âmes. Catherine
10 lui avait raconté sa vie en pointillé, et Suzanne avait tout compris. Plein de bonnes et de mauvaises choses. Mais si on reste en vie, à ce rythme-là, on sait vite ce qu'on veut et surtout ce qu'on ne veut pas. Et aussi les chemins les plus courts pour y arriver. Ça les avait fait rire ! Il faudrait en
15 prendre des raccourcis, dans la vie !

– Et le gosse ? avait demandé Suzanne en montrant le petit du menton.

– Autant dire qu'il n'a pas de père. En somme, c'est comme la Sainte Vierge !
20 Suzanne avait ri à nouveau, elle qui aimait tant se moquer du bon Dieu et de ses curés. Le petit riait lui aussi, sans savoir pourquoi, en secouant ses boucles.

– Pauvre mioche, ris donc pas de ce que tu ne comprends pas… Tu veux du chocolat chaud ? lui avait demandé Suzanne.
25 – C'est quoi du chocolat chaud ?

Voilà comment les choses avaient commencé rue de la Gaîté. Suzanne avait préparé son chocolat comme Marie-Antoinette devait le faire à Versailles.

---

4 **gelé** qui a très froid – 7 (**ne**) **faites pas de manières** Lassen Sie sich doch nicht lange bitten, kommen Sie einfach rein… – 10 (**raconter**) **en pointillé** *fig* sans tout dire, seulement les choses principales – 15 **un raccourci** un chemin plus court – 19 **la Sainte Vierge** la mère de Jésus – 21 **un curé** Pfarrer – 22 **une boucle** Locke – 23 **un mioche** *fam* un enfant – 27 **Marie-Antoinette** *(1755–1793) reine de France, femme de Louis XVI*

– Viens donc, avait-elle dit en le faisant grimper sur le tabouret rouge, je vais te présenter mon ami : monsieur Banania.

Une boîte jaune et la tête d'un homme noir dessus. Ce jour-là, Paul était entré tout droit au paradis. Catherine et Suzanne étaient si bien ensemble qu'elles en oubliaient l'heure. Lui, il regardait le rosier sur la fenêtre de la cuisine tout en écoutant la voix de sa mère. Trois belles fleurs rouges qu'on admirait dans tout le quartier.

3 **Banania** *marque de cacao* – 4 **une boîte** Dose

Chapitre 16

Dix ans après, les trois fleurs sont toujours là. Les rosiers survivent à tout.

– Regarde, dit Suzanne, avec une soie aussi fine, rien qu'avec
5 la corne sur les doigts, ça peut vite être une catastrophe. Il faut que tu caresses le tissu comme tu le ferais avec la peau d'une femme. Tu es jeune mais tu peux comprendre cela, n'est-ce pas ? Tu poses ta main à plat. Comme ça. Tu dois imaginer chaque fil qui passe l'un sur l'autre, et ton aiguille doit être si
10 fine que tu la sens à peine.

Si fine. Oui. Paul sent cela. La peau des femmes. Dans ses rêves, il habille Madeleine d'une chemise en soie bleue transparente. Puis il ajoute une ligne dorée de perles autour du cou. Dans ses rêves, il l'habille comme une reine de Saba,
15 et il est milliardaire en Amérique.

Paul baisse la tête. Il n'écoute pas. Il comprend à moitié. Suzanne prend sa main et le guide.

– Tu sens comme la soie vient de loin ?

Il ferme les yeux. C'est vrai. C'est si doux. C'est pur. Cela
20 vient d'un monde où les femmes ont de longs ongles rouges et des poignets si fins qu'on peut les tenir entre le pouce et l'index.

Et soudain, sans savoir pourquoi :

– C'est pour qui ? dit-il.

25 – Quoi donc ?

---

5 **la corne** Hornhaut – 8 **à plat** flach – 20 **un ongle** Fingernagel – 21 **un pouce** Daumen –
22 **un index** Zeigefinger

– Cette robe, répète Paul. C'est pour qui ?

Pour la nièce de Mme de Saint-Brieux. Elle se fiance dans trois mois. On fait les premiers essayages demain.

– Elle est comment ?

5 – Elle est belle comme un cœur. La taille fine, la peau très blanche et des yeux verts.

– Où est-ce qu'elle habite ?

– Dans le Ve arrondissement, je crois.

Sans raison, le cœur de Paul bat à toute allure. Il continue
10 ses questions, comme un automate, guidé par son instinct.

– Le Ve ? Mais elle s'appelle comment, cette fille ?

– Attends que je réfléchisse… attends… Madeleine… Je crois, oui, elle s'appelle Madeleine.

Paul fait un geste brusque, et deux bobines de fil rouge
15 roulent par terre. Suzanne relève la tête et pose ses lunettes sur la table. Paul ne sourit plus. Suzanne le regarde plus attentivement.

– C'est où exactement dans le Ve ?

– Je ne sais pas, mon garçon.

2 **une nièce** la fille de la sœur ou du frère – 2 **se fiancer** sich verloben – 3 **un essayage** quand on essaie un vêtement – 14 **une bobine** Spule

Chapitre 17

Sur le mur, la photo de l'océan est un peu de travers mais cela suffit pour Suzanne. Mon Dieu… Comme elle est fatiguée. Elle souffre de plus en plus.Voir les grands fleuves… Voir la mer… Ne pas penser à cela. Rêver seulement.Vivre chaque jour l'un après l'autre. Suzanne a envie de pleurer mais il ne faut pas, il ne faut jamais. Cela fait un an qu'elle vit seule avec ses souffrances, à faire semblant, même face à Lucien. Elle se mord les lèvres pour ne pas se laisser aller à cet amour si puissant qu'il lui ferait tout dire. C'est l'inverse. L'amour doit faire mentir quand il le faut, pense Suzanne.

Pour elle, à présent, il n'y a plus qu'une seule façon de respirer : elle pense à l'océan et elle attend Lucien. Ce qui compte, c'est Lucien. Suzanne serre les dents pour ne pas pleurer. Pas maintenant.

Suzanne sans Lucien, c'est la terre sans eau. Chaque soir, quand elle touche son dos, elle se souvient qu'elle est encore vivante. Elle ferme les yeux, elle pose la main sur son torse, et le désir revient, le même, chaque soir depuis quarante ans.

– C'est ta peau ! lui dit-elle, c'est ta peau qui me fait cet effet-là !

– Tu crois que c'est ça, l'amour ? lui demande Lucien à moitié pour rire.

Ils ne se sont jamais mariés, de peur que le bonheur ne s'arrête. Quand ils se promènent ensemble, le dimanche, ils

---

2 **de travers** schief – 4 **souffrir** avoir mal – 10 **l'inverse** *m* le contraire

marchent au même pas, tout naturellement, et ils peuvent aller loin sans jamais avoir besoin de dire un mot.

– Tu viens, Suzon ?

Ça suffit. C'est sa façon à lui de dire je t'aime. Elle pose ses
5 lunettes sur la table et prend dans la main une pierre ronde et lisse qui lui sert à bloquer le tissu pour qu'il ne tombe pas. Sur la pierre sont dessinées milles lignes qui ressemblent à un fleuve. C'est Lucien qui la lui a offerte, il l'a trouvée près d'une voie ferrée. « C'est ma pierre à rêve », dit toujours Suzanne, car
10 il lui suffit de la regarder pour imaginer de grands fleuves, des forêts sombres et des bords de mer lointains. Elle voyage loin grâce à la pierre de Lucien.

« En Amazonie, les fleuves vont jusqu'à l'océan en tortillant leurs eaux sur des milliers de kilomètres. Les forêts sont pleines
15 *de fleurs et d'animaux. Le vert et le bleu se mélangent et s'étendent à perte de vue… »* Elle a lu tout cela dans *L'Aurore*. Chaque semaine, elle découpe les comptes rendus des voyages du docteur Chafanjon, le découvreur de l'Orénoque, et les empile dans une boîte en fer-blanc, sous sa fenêtre. Quand elle
20 regarde les photos de l'Amazone, cela lui donne des frissons et creuse aussi une sorte d'espace vide, là, au fond d'elle-même, que les autres ne peuvent ni voir ni atteindre.

Grâce à ce genre d'histoire, elle s'est construit un endroit à l'ombre, agité uniquement par la brise des feuilles géantes au
25 bord des fleuves. Il lui semble qu'elle est née là-bas ou alors qu'un double d'elle-même vit depuis mille ans au bord du fleuve. Ça serait si bien de voir un jour l'Amazone… Mais la Bretagne aussi, ce serait bien ! Il paraît que là-bas les fleurs deviennent toutes bleues quand on se rapproche des côtes.
30 L'océan… Le ciel et la mer qui se rejoignent et le souffle coupé

---

9 **une voie ferrée** Eisenbahn – 13 **tortiller** winden – 16 **s'étendre** sich ausbreiten – 16 **à perte de vue** aussi loin qu'on peut voir – 16 **l'Aurore** *journal français de 1898 à 1914* – 17 **un compte rendu** un texte qui raconte qc qui s'est passé – 18 **l'Orénoque** *fleuve du Venezuela et de Colombie* – 19 **le fer-blanc** Weißblech – 24 **une brise** un vent léger – 26 **un double** une copie – 30 **se rejoindre** se rencontrer

des hommes qui se noient là-dedans. Ce serait si bien de voir la Bretagne… Lucien lui a promis de l'emmener un jour. Sans même s'en rendre compte, elle pense à tous les endroits où il serait bon de mourir dans les bras de Lucien.

5   Quand elle était enfant, elle mettait souvent sa main sur le bas de son ventre quand elle pensait à la mer. Elle le faisait simplement pour se donner de la chaleur et s'endormir en paix.

    – Ça ne va pas, ma Suzon ? lui disait sa mère. Tu as mal au
10 ventre ?

    – Mais non, maman, je suis bien comme ça.

    – Te touche pas sans raison par là, ma fille, ça fait mal au bon Dieu.

    Parfois, Suzanne allait se coucher dans l'écurie de la ferme
15 familiale et, par un trou minuscule du toit qu'elle était la seule à connaître, le soleil lui faisait une tache sur la joue. Au-dehors, on entendait les bruits de la campagne en été, c'est-à-dire du tout et du rien, le silence mélangé à la vie minuscule de ces milliards d'êtres qui bourdonnent et se battent,
20 s'aiment et s'oublient en l'espace d'une minute. La mort a l'air si simple pour eux, en quoi serais-je différente ?

    Machinalement, elle passe la main à plat sur la table pour enlever les fils et elle se remet à son ourlet.

    Ses pouces sont déformés aux articulations et aplatis sur le
25 milieu, mais c'est une chose courante chez les couturières. Le dos et les pouces. Comme la vie passe vite. Elle soupire. Lucien tarde à rentrer ce soir. Au-dehors, quelques volets se ferment et les roues résonnent sur les pavés. Elle connaît par cœur

---

1 **se noyer** ertrinken – 14 **une écurie** là où dorment les chevaux – 16 **une tache** Fleck – 19 **bourdonner** summen – 23 **un ourlet** Saum – 24 **aplati** platt – 27 **tarder à** mettre plus longtemps à – 28 **une roue** Rad

chaque bruit de la rue de la Gaîté. Elle pourrait coudre les yeux fermés.

Il y a des gens qui ont des âmes solides comme des arbres. C'est le cas pour Suzanne, avec quelque chose au fond de son corps qui ressemble à l'ombrage d'un chêne centenaire. Je ne leur dirai rien, pense-t-elle. Ni à Lucien, ni à Paul, Catherine, Mallavec et tous les autres. J'irai au bout toute seule. C'est comme cela qu'il faut faire. C'est comme cela qu'il faut mourir.

5 un chêne Eiche – 5 centenaire qui a cent ans

Chapitre 18

Paul ne peut pas rentrer chez lui. Il ne peut plus. Sa vie
est devenue trop étroite à cause d'une pierre à rêve et d'une
robe de soie blanche. Mais il y a mille filles qui s'appellent
5 Madeleine dans le Ve arrondissement.

Alors ce soir Paul ira en Amérique. Ce soir ou jamais. Ou
en Inde ou en Chine. Après tout, peu importe. Ce soir, il veut
prendre Madeleine dans ses bras et sentir l'odeur de sa peau,
caresser son front et mettre ses mains autour de sa taille,
10 tourner avec elle dans la nuit… Ce soir, il veut avoir dix-huit
ans, vingt ans, trente ans, il veut être riche, beau et irrésistible.
Ce soir, Paul va changer le monde. Il hurle en courant, et les
gens se retournent sur son passage, le prenant pour un fou. Ça
doit être à cause de la guerre, se disent-ils en pressant le pas
15 pour rentrer chez eux.

Paul court à perdre haleine jusqu'à la maison blanche
et il s'installe à sa place sur le mur d'en face, comme un
oiseau blessé. Il se blottit contre la pierre chaude. Il sanglote
à présent. Les dernières lumières du jour sont en train de
20 s'éteindre et celles de la maison s'allument. L'air devient plus
frais. Madeleine n'est pas encore dans sa chambre.

Enfin la voilà. Elle est avec sa mère qui la suit, visiblement
en colère, et l'arrête en lui prenant le bras, pour qu'elle se

---

3 **étroit** *fig* eng – 11 **irrésistible** unwiderstehlich – 12 **hurler** crier très fort – 13 **sur
son passage** quand il passe – 14 **presser le pas** marcher plus vite – 16 **courir à perdre
haleine** courir si vite qu'on ne peut plus respirer – 18 **blessé** verletzt – 18 **se blottir** sich
kauern – 18 **sangloter** pleurer avec bruit

retourne et l'écoute. Paul allume une cigarette. Ne l'écoute
pas, dit-il à Madeleine, comme si la discussion le concernait.
Elle a tort, tu as raison.

5   La mère de la jeune fille sort en fermant violemment la
porte, et Madeleine se jette sur son lit, la tête dans l'oreiller,
les épaules secouées par les larmes. Elle reste comme cela
pendant de longues minutes qui paraissent interminables à
Paul. Puis enfin elle se relève et va ouvrir sa fenêtre.

   D'ordinaire, le garçon est appuyé contre le bord du muret,
10 ce qui le cache à moitié au regard, quand on l'observe de la
maison blanche. Mais cette fois il est en plein milieu. Il attend
qu'on le voie. Il attend que Madeleine le voie.

   La jeune fille regarde d'abord le ciel et essuie de la main
quelques larmes qui coulent encore le long de sa joue droite.
15 Puis elle se retourne brusquement, s'assoit devant son
secrétaire et feuillette un cahier qu'elle a sorti du tiroir. Paul
ne l'aperçoit plus qu'à moitié mais il devine qu'elle écrit.
Un journal intime sans doute. Madeleine n'est pas une fille
comme les autres, il l'a toujours su, dès le premier soir. Elle
20 a besoin d'autre chose que l'avenir en ligne droite qu'on
lui propose. Elle a besoin de mots et d'histoires. Ils sont si
semblables tous les deux.

   Pendant qu'elle écrit, Paul songe à la façon dont il faut
frapper dans un bloc de pierre pour en faire sortir le buste
25 d'une femme, son épaule, son cou. Sans qu'il le sache, sa main
dessine quelque chose, les contours d'une œuvre à venir.

   Puis soudain la jeune fille se lève et s'approche de la fenêtre,
visiblement intriguée, cherchant à distinguer quelque chose
dans la nuit. Elle a repéré le bout incandescent de la cigarette

---

5 **un oreiller** Kopfkissen – 7 **interminable** qui ne finit jamais – 13 **essuyer qc**
abwischen – 16 **un secrétaire** un meuble pour écrire – 16 **feuilleter (un cahier)** tourner
les pages sans vraiment lire – 18 **un journal intime** Tagebuch – 22 **être semblable** se
ressembler – 24 **frapper** hauen – 24 **un buste** le haut du corps (entre la taille et la
tête) – 26 **une œuvre** (Kunst)Werk – 28 **intrigué** surpris et curieux – 29 **incandescent**
glühend

de Paul. Elle plisse les yeux et se penche tant qu'elle peut
pour voir au-delà de la cour. Le cœur de Paul bat comme un
fou mais il s'avance parce que, justement, il est fou, il est fou
d'amour et de désir d'être. Il s'avance d'un pas et se poste sous
5 le réverbère.
    Madeleine l'a vu. Effrayée, elle fait une sorte de bond en
arrière. Mais Paul la regarde sans crainte et se laisse voir. Il est
venu pour cela. Madeleine ferme violemment la fenêtre et la
masque avec son rideau. Peu importe. Il est heureux. Elle l'a
10 vu. Elle l'a reconnu. Le garçon qui l'attendait à sa promenade.
Il reste encore quelque temps sans bouger, tout à son bonheur
et à la nuit. Alors, très lentement, le rideau s'ouvre. La fenêtre
reste close mais Madeleine est là, debout sous la lumière elle
aussi. Elle le regarde sans se cacher. La robe de Suzanne n'est
15 pas pour elle. Elle ne le sera jamais. Lentement, Paul lui fait un
signe de la main, et la jeune fille lui répond d'un sourire.

---

1 **plisser les yeux** fermer un peu les yeux pour mieux voir – 13 **clos** fermé

V

LA RUE DE LA GAÎTÉ

Prologue

Les généraux, le tsar et Sazonov

À partir du 29 juillet, l'ambiance devient totalement intenable
en Russie : les généraux sont partisans d'une mobilisation
5 préventive, en cas d'attaque extérieure. Le tsar se sent acculé. À
minuit, le 29 au soir, il envoie un télégramme à Guillaume II : « Je
prévois que je ne tarderai guère à céder à la pression qu'on exerce
sur moi… » Il signe : ton Nicky qui t'aime.

Georgie, Willy, Nicky, les souverains d'Angleterre, d'Allemagne
10 et de Russie, c'est ainsi qu'ils s'appellent entre eux. Trois cousins et
les derniers descendants d'une vieille Europe à l'agonie…

Sergueï Sazonov, le ministre des Affaires étrangères russe, entre
alors en scène. Il est convaincu depuis longtemps que la Russie
a un rôle à jouer dans les Balkans, qui consiste à défendre les
15 Slaves du Sud, voire même à les réunir un jour en confédération.
Il est également convaincu qu'il y aura la guerre contre l'Empire
austro-hongrois, mais il ne l'envisage pas avant 1917, car la
Russie est mal préparée militairement. C'est pourquoi, depuis
plusieurs jours, le ministre russe a essayé de stopper la machine
20 de guerre autrichienne. Il a proposé de modifier le texte de
l'ultimatum, d'avoir un entretien direct avec les Allemands, et
même de participer à cette conférence de conciliation que les

---

3 **intenable** unerträglich – 5 **acculé** à qui on ne laisse plus le choix – 7 **guère** pas
beaucoup – 7 **céder à qc/qn** faire ce que qc/qn exige de vous – 7 **exercer une pression**
Druck ausüben – 11 **un descendant** Nachkomme – 11 **à l'agonie** f en train de mourir –
15 **voire** et peut-être plus – 17 **envisager qc** avoir qc comme projet – 20 **modifier qc**
changer un peu qc

Anglais essaient de mettre en place. Mais rien n'y a fait. Silence du
côté autrichien et réponse trop évasive des Allemands. À présent,
c'est donc trop tard, se dit Sazonov après la déclaration de guerre
autrichienne. Il n'y a plus à hésiter. D'ailleurs, les généraux ont
5 *déjà lancé les préparatifs pour une mobilisation à Moscou, Kiev,*
Odessa et Kazan. Il prend alors le parti de la guerre et va chercher
à en convaincre définitivement le tsar.

Mais voilà que les Allemands bougent enfin. En effet,
Guillaume II s'est rendu compte de l'emballement des événements
10 *et il cherche à reprendre la main. Un conflit, soit, il n'est pas*
hostile à cela, mais un conflit localisé à la Serbie ! Il faut à tout
prix éviter l'embrasement général. L'Allemagne était certainement
la plus forte face à la France et à la Russie, mais le tableau n'est
plus le même si les Anglais sortent de leur neutralité. Il envoie un
15 *télégramme à Nicolas II lui demandant d'arrêter la mobilisation*
russe. Le tsar n'attend que cela. Ainsi donc, on peut encore éviter
la guerre ! Il lit le télégramme du Kaiser à son ministre de la
Guerre, Soukhomlinov, et lui demande d'arrêter la mobilisation.
Mais celui-ci refuse au prétexte que c'est « techniquement
20 *impossible ». On n'arrête pas une machine qui est lancée.*

Ainsi, dans la nuit du 29 au 30 juillet, les généraux russes ont
décidé de l'avenir de l'Europe. Contre l'avis des peuples et même
contre celui des souverains. Le lendemain, Sazonov prend le relais
et, en une heure, réussit à convaincre le tsar de signer l'oukase de
25 *mobilisation générale, posé sur son bureau, devant lui.*

Le tsar est pâle, recroquevillé dans un fauteuil, hésitant encore
mais le stylo déjà à la main.

Quatre ans plus tard, il mourra à Ekaterinbourg, assassiné au
fond d'une cave avec toute sa famille. Il a été le dernier empereur
30 *de toutes les Russies.*

---

2 **évasif** vague – 6 **prendre le parti de qc** être pour qc – 9 **un emballement des événements** quand les choses vont de plus en plus vite – 10 **reprendre la main** redevenir celui qui conduit, qui décide – 11 **être hostile à qc** être tout à fait contre qc – 12 **un embrasement général** *fig* quand tout prend feu – 23 **prendre le relais** übernehmen – 24 **un oukase** une décision du tsar qui fait loi – 26 **pâle** bleich

Chapitre 19

– Mais nom de Dieu, qu'est-ce qu'il fout, Viviani ? Mallavec
est debout au milieu du café et il gueule, le journal dans une
main, tapant sur le comptoir de l'autre. En première page,
5 l'annonce de la mobilisation russe.

– Calme-toi, lui dit Lucien en le forçant à s'asseoir. Tu sais
bien que Jaurès est à Bruxelles.Tout est encore possible.

– Mais qu'est-ce que vous avez tous ? dit Mallavec, la tête
entre les mains. Tu ne vois donc pas ce qui est en train de
10 se passer ? Les militaires vont beaucoup plus vite que nous,
Lucien. On est au bord de la guerre, à présent. Pourquoi Jaurès
ne veut pas le voir ? Et toi, pourquoi tu ne veux pas l'admettre ?

– Je l'admets. Je suis capable de lire. Mais je fais confiance à
Jaurès.

15 – C'est parce que tu as la trouille ?

– Arrête ça. La trouille, tout le monde l'a. Alors garde ton
calme, s'il te plaît.

La panique. Cette fois, ça y est. L'air n'a plus la même
odeur, on est allé trop loin dans l'histoire. À Paris, on ne parle
20 plus que de la guerre et cela efface même l'été. Elle s'insinue
partout comme une maladie, dans les salons, les bistrots, les
boutiques. Chez les bourgeois ou chez les ouvriers, c'est pareil.
La rumeur gronde. Elle vous prend à la gorge, vous étouffe.

---

2 **qu'est-ce qu'il fout ?** *fam* qu'est ce qu'il fait ? – 2 **René Viviani** *(1862–1925) homme
politique socialiste, président du conseil des ministres en 1914* – 3 **gueuler** *fam* crier
parce qu'on est en colère – 12 **admettre qc** accepter la réalité de qc – 15 **la trouille** *fam*
la peur – 20 **s'insinuer** *fig* réussir à entrer partout – 23 **la rumeur** *ici :* le bruit de la
foule qui parle

La guerre ! Ne cesse-t-on de répéter parce qu'il faut bien s'habituer à ce mot.

D'ailleurs l'été est plus chaud que d'habitude, la France brûle, et les récoltes grillent sur pied. On dirait que la nature a peur, elle aussi. À Paris, les gens ont une envie féroce de s'aimer. La nuit, on croise des couples qui font l'amour debout dans un coin de rue, avec l'urgence de ceux qui ne connaissent plus leur avenir. Il y a dans l'air de ce mois de juillet 1914 quelque chose d'inconnu, d'électrique, d'excitant. C'est l'odeur de la guerre.

On a beau dire, c'est fascinant, la guerre. Elle a le parfum d'un monde où toutes les limites sont franchies et où les hommes ne sont plus des hommes. Ça en attire quelques-uns, les faibles, les pervers, les aigris, peut-être aussi les malheureux. Dans quelques semaines ou dans quelques jours, tout volera en éclats.

Certains ont le goût du sang qui leur monte à la bouche, même s'ils ne veulent pas le dire, même s'ils ne veulent pas le savoir. D'autres ont envie de partir et ils ont les yeux qui brillent. Mais la plupart ont peur. Ils jouent aux cartes et rient trop fort. Les femmes, elles, se surprennent à penser à ce qu'elles feraient de leurs journées si les hommes étaient au front, mais ce sont de mauvaises pensées et elles vont ensuite prier pour se faire pardonner, par le curé d'abord et par Dieu ensuite.

Au début, rue de la Gaîté, il y avait les pour et les contre, et cela avait l'air d'une discussion comme les autres, histoire de passer le temps pendant les soirées de printemps. Mais, peu à peu, beaucoup se sont mis à être d'accord. Sur quoi, au fait ? Sur l'Alsace et la Lorraine. C'est une idée qui court d'un bout à l'autre de la rue. Faut les reprendre aux boches.

Tous les jours, Mallavec achète *L'Humanité* pour lire l'éditorial du matin, que Jaurès écrit pendant la nuit, et on commente ça au bar du P'tit Zinc. C'est le Breton qui lit, en parlant fort pour que tout le café l'entende. Les autres se

5 taisent, les mains dans les poches. On écoute les mauvaises nouvelles mais on vient aussi chercher un peu d'espoir avant d'aller au travail.

– Alors, qu'est-ce qu'ils disent aujourd'hui ?

– Ah, dites donc, les Russes ont mobilisé !

10 – Et les Allemands ?

Le journaliste dit que c'est pas encore clair. Mais si les Russes et les Allemands mobilisent, c'est la guerre pour tout le monde.

– Et alors quoi ? dit Mallavec. J'en ai rien à foutre, moi, de

15 l'archiduc ou du tsar ! Ça ne concerne pas les ouvriers, ces histoires-là.

– Dis pas de conneries, c'est ailleurs le problème, lui répond Marcel. C'est l'Alsace et la Lorraine, le problème. Les boches n'ont qu'à nous les rendre et y aura plus de raisons de se faire

20 la guerre.

– Et pourquoi on ne leur demanderait pas leur avis, aux Alsaciens ? Pourquoi on ne ferait pas des élections là-bas, hein ?

– C'est pas possible, ça.

25 – Et pourquoi ce ne serait pas possible ?

– Allez, arrête donc et lis-nous ce qu'il dit, ton Jaurès. Comment ça se passe à Bruxelles, alors ?

Mais l'ambiance n'y est plus. Peu à peu, on s'échauffe carrément au comptoir du P'tit Zinc.

30 Mallavec parle du prolétariat et Marcel défend le parti de la guerre.

---

14 **J'en ai rien à foutre** *fam* ça m'est complètement égal – 17 **une connerie** *fam* une chose très bête – 28 **s'échauffer** devenir nerveux, prêt pour une bagarre – 29 **carrément** *fam* complètement

– T'es qu'un vendu, Marcel, lui dit soudain le Breton, excédé.

– Et toi, depuis Dreyfus, t'as donné ton âme aux Juifs, répond l'autre avec un petit sourire ironique.

5 – Je ne vois pas le rapport, lui rétorque Mallavec en l'attrapant par le col. Mais bon Dieu, arrête avec ça, Marcel ! Je ne vois vraiment pas le rapport.

– Lâche-moi. Et je t'expliquerai.

Mallavec hausse les épaules. Puis il regarde autour de lui et
10 se rend compte soudain que les visages ont changé. Beaucoup lui sont devenus hostiles et se détournent. Il a raison, Marcel, murmurent quelques hommes… Faut bien défendre le pays, tout de même ! Sur le comptoir qui brille au soleil, le patron a étalé une dizaine de verres pour les essuyer. Comme
15 *L'Humanité* est encore ouvert à côté de lui, il pose les verres un à un sur le papier, et cela fait de grands ronds d'humidité sur le journal. Ainsi, donc, nous en sommes déjà là ? pense Mallavec.

Il se lève et sort brutalement sans dire au revoir aux autres.
20 – Te fâche pas ! lui crie Marcel.

Mais Mallavec n'en peut plus. Il se sent seul, pris au piège. On a eu tort, se dit-il. On n'aurait jamais dû attendre, tout cela ne rime à rien.

Au café, derrière lui, les hommes continuent à gueuler :
25 – Ce sera court, les gars, ne vous inquiétez pas ! hurle Marcel.

– Ce sera la guerre en été ! répond un autre.

---

1 **un vendu** *fam* Verräter, gekaufte Person – 2 **excédé** très en colère, qui en a assez –
3 **l'affaire Dreyfus** *conflit social et politique en France entre 1894 et 1906 : Le capitaine
Dreyfus est accusé et condamné pour avoir vendu des secrets militaires. En fait, c'était
un complot contre lui parce qu'il était juif.* – 5 **le rapport** Zusammenhang – 6 **un col**
Kragen – 11 **se détourner** regarder ailleurs – 14 **essuyer** abtrocknen – 20 **se fâcher** böse
werden – 22 **cela ne rime à rien** *fam* cela n'a pas de sens

– On leur arrache les moustaches et on revient ! Ils trinquent
à leur retour. Ils trinquent à la paix pour l'automne et à la der
des der.

On fait celle-là et ce sera fini pour toujours ! Ils trinquent
5 comme des imbéciles, comme des hommes à la veille d'une
guerre. Bon Dieu, se dit Mallavec… Et si Paul avait raison ?
Si je partais ? En Russie ? Ou en Amérique, comme disait le
petit ? Mais à quoi ça me servirait la Russie ou l'Amérique sans
Catherine, sans le gosse, sans les camarades ? Et s'il savait, s'il
10 pouvait, Mallavec pleurerait. Cette guerre-là, il ne veut pas
la faire. Pas seulement qu'il tienne à la vie – ça, ce sont des
idées que les marins ont réglées depuis longtemps, à force
de regarder la mort du haut des mâts –, non, mais il ne veut
pas la perdre pour rien, sa vie, pas pour les bourgeois, pas si
15 bêtement… Et puis il croit à la révolution.

Impossible que le monde ne change pas ou bien, alors,
autant se faire anarchiste tout de suite.

Il marche dans la rue en titubant comme un homme
malade. Lucien l'appelle. Il ne se retourne pas. Il fait si chaud,
20 pense-t-il simplement, la tête soudain vide. Où aller ? Où fuir ?
Ses pas l'ont mené au milieu de la rue, au milieu de nulle part.
Il s'arrête. Il est devant l'immeuble de Catherine. Elle doit être
là-haut, elle ne l'attend pas. Catherine… Bien sûr. Il a besoin
de ses bras blancs pour oublier sa peine. Il a besoin de ses
25 yeux, de sa voix, de son odeur. Alors il ouvre brutalement la
porte et grimpe l'escalier quatre à quatre en criant : Catherine !

Cela fait des années qu'ils sont ensemble, mais des années
aussi qu'ils se disputent, ferraillent et se réconcilient sans
cesse. Forcément, ce sont deux fortes têtes ! dit-on dans la
30 rue. Maintenant, peu importe. Le bruit des bottes devient

---

2 **la der des der** *fam* la toute dernière guerre – 11 **tenir à la vie** avoir peur de mourir –
13 **un mât** Mast – 18 **tituber** marcher comme si on allait tomber – 26 **grimper l'escalier
quatre à quatre** monter vite, à très grands pas – 28 **ferrailler** *fig* se bagarrer avec les
mots – 28 **se reconcilier** être de nouveau amis après une dispute – 29 **une forte tête** *fig*
qn qui a un fort caractère – 30 **le bruit des *bottes*** (Stiefel) *fig* la guerre qui approche

trop puissant et il faut se serrer fort pour croire encore à la vie. Catherine sait faire cela.

Chaque jour, elle rapporte de bonnes choses pour lui et une bouteille de vin. Elle se fait belle comme elle peut, malgré
5 les fatigues de ses journées. Elle pose deux chaises près de la fenêtre et cela devient charmant comme un vrai café, à côté de la lucarne, avec la bouteille et les deux verres sur un tabouret. Elle l'attend. D'une certaine façon, Mallavec est enfin en train de devenir son homme, et elle le répète à tout bout de champ,
10 devant ses amies du marché : mon homme par-ci, mon homme par-là. C'est cela la chose la plus étrange : Catherine est heureuse comme elle ne l'a jamais été parce que Mallavec se laisse enfin aller à l'amour, avec la peur de la mort qui commence à lui monter dans les entrailles.
15 Mais ce jour-là n'est pas un jour comme les autres. Tout le monde en Europe retient son souffle. Elle l'entend arriver du troisième étage. Elle ouvre la porte. Elle l'appelle elle aussi. C'est toi ? En quelques pas, il est là, il est en haut, il la tient dans ses bras, il ne la lâchera plus jamais. Catherine, mon
20 amour, ma vie. Il pleure de bonheur, elle ne s'en rend pas compte. Il la soulève et la porte comme une jeune fille.

– Tu es au courant ? Qu'allons-nous devenir ? dit-elle.

– Ne t'inquiète pas. Avec la guerre, c'est la révolution qui arrive. C'est ce qu'ils disent au Parti.
25 Il lui ment, mais c'est mieux comme cela.

– Arrête ! dit-elle en essayant de se dégager. Mais qu'est-ce que tu racontes ? Ne me mens plus. C'est trop tard.Tu sais bien que c'est la guerre ! Et pour de vrai ! Peut-être d'ici quelques heures, quelques jours ! C'est la guerre !
30 Il ne répond pas. Bien sûr. Elle a raison. Il serre les mains de Catherine si fort qu'elle pousse un petit cri. Il secoue la tête. Quelque chose en lui veut y croire encore.

---

9 **à tout bout de champ** à chaque occasion – 14 **les entrailles** *fpl* ce qu'il y a dans le ventre – 16 **retenir son souffle** arrêter de respirer parce qu'on attend qc de grave – 26 **se dégager** *ici :* quitter les bras de l'autre

– On a encore une chance, murmure-t-il. D'ici quelques jours, quelques heures, peut-être, les prolétaires de tous les pays peuvent s'unir.

– Les prolétaires ? Tu y crois encore, à tes prolétaires ? Mais
5 regarde la réalité en face. Ils sont déjà tous transformés en patriotes, tes prolétaires. C'est trop tard. À présent, il faut s'occuper de toi, de Paul, de nous.

Mallavec est assis lourdement devant la lucarne. Elle n'y croit plus. Elle n'y a jamais cru. Elle le regarde. Il se tait. Que
10 dire de plus ?

– Mais qu'est-ce que tu veux que je fasse, Catherine ?

Elle l'aime tant et elle a eu si peu de bonheur dans la vie.

– Je ne sais pas. Reste en vie.Voilà. Je veux juste que tu restes en vie.

15 – Prends-moi dans tes bras.

– Je suis là.

Elle ferme les yeux, et c'est comme si elle dansait à nouveau sur les bords de la Marne. Il la serre de toutes ses forces. Il la serre pour s'empêcher de pleurer et d'avoir peur. Il sait qu'il
20 fera comme les autres et qu'il n'y aura ni Russie, ni Amérique, ni révolution pour lui. Il sait tout cela. Il compte déjà les heures avant son départ. La première ligne de son carnet militaire est écrite dans tous ses gestes :Verdun.

Alors doucement, tout doucement, il détache un à un les
25 boutons de son chemisier. Puis il l'embrasse et la caresse comme il ne l'a jamais fait, comme un homme qui va mourir. Il fait le tour de son corps pour ne pas l'oublier, peut-être même pour survivre grâce à cela.

– Catherine, je t'aime.

30 – Je suis là.

– Catherine… épouse-moi. Demain. Après-demain. Vite. Épouse-moi.

24 **détacher** ouvrir, défaire

Et pendant qu'ils s'aiment, au plafond de la mansarde brillent mille étoiles. Mais si on tend bien l'oreille, le bruit des canons se fait déjà entendre, dans la nuit, au coin de la rue.

On verra bien demain, pense Catherine en fermant les yeux.
5   On verra bien demain… Pendant son sommeil, Mallavec est heureux pour la dernière fois. Il rêve qu'il défile place de la République avec tous les ouvriers de France. C'est la grève générale, et c'est un beau jour pour les prolétaires du monde entier ! Le début de la révolution, en même temps, dans tous
10 les pays ! Et qu'elle est belle, cette Europe-là !

2 **tendre l'oreille** *fig* écouter avec attention

Chapitre 20

Lucien est rentré très abattu lui aussi. Il n'a pas beaucoup parlé parce qu'il ne veut pas effrayer Suzanne. Il est allé se coucher rapidement sans réaliser qu'elle est encore plus
5 maigre que d'habitude.

Mais Suzanne ne dort pas. Et pendant la nuit, elle prend une décision. Le lendemain matin, le 30 juillet, sans réveiller Lucien, elle va chercher Étienne, le peintre. Il est toujours accoudé très tôt au P'tit Zinc.

10 – Tiens, tu es bien matinale !

– J'ai besoin de toi aujourd'hui.

– Nous voilà bien ! Qu'est-ce que je peux donc faire pour toi, ma Suzon ?

– Il faut que tu repeignes l'enseigne de la boutique.

15 – Mais pourquoi donc ? On l'a refaite il y a un mois !

– Je t'expliquerai. C'est à cause de la guerre.

– La guerre ? Qu'est-ce que ça a à voir avec ton enseigne ?

– Ça a à voir que j'ai pas grand-chose à faire ou à dire sauf à repeindre ma vie…

20 – C'est quoi, cette histoire, ma Suzanne ? C'est donc si urgent que ça ? T'as tout le pays au bord de la guerre et toi, tu voudrais que ta peinture soit urgente ?

– D'une certaine façon, on pourrait le dire comme ça. À cause de toutes les saloperies qui sont en train de pousser
25 dans la tête des gens. Il faut qu'on fasse quelque chose,

---

10 matinal qui se lève tôt le matin – **12 Nous voilà bien !** Na so was! – **14 une enseigne** là où est écrit le nom d'un magasin – **24 une saloperie** *fam fig* Dreck, Blödsinn

Étienne ! Ça ne suffit plus d'en parler au comptoir devant un verre de rouge !

Il sourit malgré lui.

– Allez va ! Je passe tout à l'heure. Dis à Lucien de préparer
5 l'apéro.

Et finalement, ça lui plaît bien, au peintre, cette façon d'occuper sa journée à des urgences qui n'en sont pas. Et puis, ce sont les femmes qui ont fait la révolution en allant chercher du pain à Versailles. Il ne faut jamais oublier ça, se dit Étienne
10 pendant que Suzanne lui explique ce qu'elle veut.

– Dis donc, c'est pas habituel un magasin de cette couleur-là, non ?

– Et t'oublie pas le titre, hein ?

– T'es sûre, Suzanne, t'es vraiment sûre ?
15 – Oui, je suis certaine. T'inquiète donc pas.

– Et tu veux vraiment que j'écrive tout ça sur le mur ? C'est dangereux à présent. Tu sais bien comment sont les gens.

– Je m'en fous, des gens.

Ça ne lui fait pas peur à Suzanne, ni la guerre, ni les
20 hommes, ni le reste d'ailleurs. À présent que la mort est si proche, elle se sent capable de tout. Rêver, partir, aimer comme si elle avait vingt ans. C'est Paul qui a raison. Peut-être bien qu'on peut changer le monde si on s'en donne les moyens. Elle sourit. Il va être fier, mon Paul, pense-t-elle. Avec
25 toutes ces belles couleurs sur la boutique, ce sera déjà un commencement.

Quand Lucien s'éveille enfin, Étienne s'attaque tout juste au texte et Lucien n'en croit pas ses yeux.

« Merde à la guerre ! »
30 Il hésite entre la surprise, le rire et l'admiration. Des voisins sont déjà en train de s'attrouper en disant : « Elle a tout de même une drôle de couleur à présent, votre boutique, non ? » Certains d'entre eux se détournent : « Salauds de pacifistes »,

---

20 **d'ailleurs** übrigens – 31 **s'attrouper** former une petite foule

entend-on. Marcel est là, lui aussi, et ne dit rien. Lucien s'approche. Sa Suzanne est si belle debout devant lui avec ses bleus au cœur, personne ne lui fera jamais de mal. Il serre les poings comme s'il fallait se battre. Parfois, l'injustice est trop
5 forte.

Merde à la guerre. C'est la façon la plus simple de le dire. Comment deviendrait la ville si soudain tout le monde s'y mettait ? On se réveillerait le matin et le monde aurait changé de couleur. Quoi qu'en disent les généraux, la chair à canon
10 reste au lit ! Les boulangers, les charcutiers, les cordonniers, les épiciers ! Oui… Tous ceux qu'il faut tirer par les pieds pour faire tenir droites les baïonnettes ! Et même les notaires, tiens. Même les notaires resteraient au lit.
    – T'as vu comme c'est beau ! J'avais raison, non ? Elle rit
15 en mettant les deux mains sur les hanches. Lucien est très heureux d'un seul coup, il respire fort. Cela fait rire Suzanne de le voir comme ça, tout rouge sous la moustache, à profiter de son bonheur.
    – J'ai fini ! dit Étienne. Alors ? Vous en pensez quoi ?
20   Ils rient tous les trois et la vie pourrait rester ainsi longtemps. Lucien et Suzanne. Étienne. Paul. Madeleine. Mallavec et Catherine. À nouveau, Suzanne a envie de pleurer. Les hommes sont naïfs. Il ne faut pas grand-chose pour les rendre heureux. Elle a envie de pleurer d'avoir si peu d'armes
25 pour se battre contre la nuit qui monte.
    – Dis donc, au fait, t'as quel âge, Lucien ? demande Étienne.
    – Cinquante-neuf, pourquoi donc ?
    – Ben, c'est comme moi. Cinquante-cinq. On est mobilisables. On est dans le pétrin, mon vieux !

---

3 **un _bleu_** (blauer Fleck) **au cœur** une chose grave qu'on a eue dans la vie – 10 **un charcutier** Metzger – 10 **un cordonnier** celui qui fabrique et répare les chaussures – 11 **un épicier** Lebensmittelhändler – 15 **une hanche** Hüfte – 29 **On est dans le pétrin !** Wir sitzen in der Patsche!

VI

LE CAFÉ DU CROISSANT

Prologue

Les dernières fleurs de Bruxelles

Pendant ce temps-là, Jaurès est à Bruxelles. Depuis quelque temps, il oscille entre l'espoir que tous ces événements
5 *accélèrent l'union du prolétariat et la crainte que les forces obscures du monde ne l'emportent. Le jeune Léon Blum a tenu à l'accompagner à la gare, et les deux hommes se sont longuement serré la main. Il y avait beaucoup de monde. Chacun cherchait à rentrer chez soi.*
10 *– Mon ami, a dit Jaurès, il faut prendre le temps de penser. Mais le tumulte des événements se précipite…*
À Bruxelles, tous les camarades logent à l'hôtel de l'Espérance et se retrouvent en journée à la Maison du Peuple. L'ambiance est très tendue, surtout entre l'Allemande Rosa Luxemburg et
15 *les camarades autrichiens. Partout le nationalisme gronde, qui l'emporte sur les forces révolutionnaires. Mais Hugo Haase prend enfin la parole.*
L'Allemagne résistera, dit-il. Les ouvriers ne laisseront pas faire le Kaiser, et les rues de Berlin sont déjà pleines de gens qui
20 *crient : « Gegen Krieg ! Gegen Krieg ! » Ils l'écoutent tous. Jaurès est rassuré. L'amitié franco-allemande sauvera donc l'Europe. Très vite, on décide que le prochain bureau se réunira à Paris et*

---

4 **osciller** schwanken – 6 **l'emporter** gagner – 6 **Léon Blum** *(1872–1950) homme politique socialiste français, il aura de hautes fonctions entre les deux guerres –*
9 **chercher à** essayer de – 11 **se précipiter** aller très ou plus vite – 12 **loger** *ici :* habiter pour quelque temps – 14 **tendu** nerveux – 21 **rassuré** qui n'a plus aussi peur

non pas à Vienne. Le 9 août. Dans quelques jours. Jaurès respire.
Enfin !

   On rédige alors avec fièvre le texte d'une déclaration
commune destinée à la classe ouvrière de toute l'Europe : contre
5 *la guerre ! Pour la grève ! Ensuite, tout le monde se dirige vers*
la salle du Cirque royal pour parler aux sympathisants. Ils sont
nombreux, et même anormalement nombreux. Peut-être dix
mille personnes. Ils ont peur. Ils attendent quelque chose qui
ne soit pas la guerre. Les orateurs se succèdent. Dans la rue, on
10 *discute, on n'entend pas très bien, la foule est houleuse. Et puis*
Jaurès s'approche et monte à la tribune. Un petit homme. Qui
est-ce ? demande-t-on. Mais sa voix forte, vibrante, commence
à emplir la salle. Puis les rues. Puis l'air de la ville… On se tait.
On vibre à l'unisson.

15   *– Savez-vous ce qu'est le prolétariat ? Ce sont des masses*
d'hommes qui ont collectivement l'amour de la paix et l'horreur
de la guerre. Les chauvins, les nationalistes, ce sont des hommes
qui ont collectivement l'amour de la guerre et du carnage.
Mais quand ils sentent sur leurs têtes la menace des conflits,
20 *de guerres qui faucheront pêle-mêle les existences bourgeoises*
et ouvrières, alors ils se souviennent qu'ils ont des amis qui
cherchent à apaiser l'orage. Mais pour les maîtres absolus,
le terrain est miné. Dans l'entraînement mécanique et dans
l'ivresse des premiers combats, ils réussissent à entraîner les
25 *masses. À mesure que le typhus achèvera l'œuvre des obus, à*
mesure que la mort et la misère frapperont, les hommes dégrisés
se tourneront vers les dirigeants allemands, français, russes,

---

4 **destiné à** pour – 9 **un orateur** qn qui parle devant tous – 9 **se succéder** se suivre –
10 **houleux** où l'on sent que la nervosité monte – 12 (**une voix**) **vibrante** où l'on entend
l'émotion – 14 **à l'unisson** tous ensemble – 18 **un carnage** un bain de sang – 20 **faucher**
fig tuer vite et en grand nombre – 20 **pêle-mêle** de façon mélangée – 20 **une existence**
ici : une vie – 23 **miné** avec des bombes dedans – 24 **une ivresse** Rausch – 25 **à mesure
que** en même temps que, au même rythme – 25 **achever** terminer – 26 **frapper** *ici :*
tomber sur – 26 **dégrisé** dont l'ivresse a disparu – 27 **un dirigeant** un chef d'état

italiens, et demanderont quelles raisons ils peuvent donner à
tous ces cadavres. Et alors la révolution déchaînée leur dira :
  « Va-t'en et demande pardon à Dieu et aux hommes ! » Le
discours dure trois quarts d'heure. La salle est galvanisée. Tous
5 *les hommes sont debout. On pleure, on s'embrasse et on se*
souvient qu'on peut s'aimer. Jaurès est raccompagné en cortège
jusqu'à son hôtel. Il est confiant à nouveau. Ce peuple-là est
pacifique. Il ne pourra être retourné d'un coup de mauvaise
politique. Ce peuple-là est magnifique.

10 *Il dort bien. Le 30 au matin, il va même au musée, revoir les*
tableaux des peintres primitifs flamands, qu'il aime tant. À
13 heures, il part de la gare du Midi et il arrive à 17 heures à
Paris. Mais là, il lit dans le journal tout ce qu'il ne sait pas. Le
29, Poincaré et Viviani sont revenus de Dunkerque et ont été
15 *acclamés par une foule de nationalistes.*
  Et le 30 à 16 heures, alors qu'il était encore dans le train, le
tsar a signé l'oukase de mobilisation générale. La guerre de 1914
vient de commencer.

---

2 **déchaîné** aufgebracht – 4 **galvanisé** porté par une forte émotion, qui veut agir –
15 **acclamé** salué par des cris de joie

Chapitre 21

Il faut agir. Dans l'urgence, la CGT a organisé une grande manifestation en faveur de la paix, place Wagram. Lucien s'apprête à y aller quand quelqu'un frappe très fort à la porte
5 de l'atelier.

– Ouvre-moi, Lucien ! Vite !

C'est Mallavec. Il a une joue tuméfiée et se tient le poignet droit.

– Qu'est-ce qui se passe ? demande Suzanne, qui sort affolée
10 de la cuisine, une assiette à la main.

– Ça castagne à Wagram. Viviani a interdit la manifestation.

– Mais c'est impossible ! dit Lucien. Viviani est avec nous. Il a toujours été contre la guerre. Il est socialiste ! Il l'était. Je te dis ce que j'ai vu. Et il y avait des flics à toutes les sorties de
15 métro. Il paraît que ça cognait également du côté de l'Étoile et des Ternes.

Lucien s'assoit, effondré.

– Mais comment expliquer ça ?

– Je te l'ai toujours dit, Lucien. Ça fait longtemps qu'on
20 aurait dû bouger. On n'aurait jamais dû faire confiance à Poincaré, je suis certain que c'est lui qui nous mène en bateau. Ils ont peur du peuple. Ils empêchent les faubourgs de descendre.

– Et Jaurès ?

---

2 **la CGT** *Confédération Générale du Travail* (Gewerkschaft) – 3 **en faveur de**
pour – 4 **s'apprêter à** se préparer à – 7 **tuméfié** marqué à cause d'une bagarre –
11 **ça castagne** *fam* il y a de la bagarre – 15 **cogner** *pop* hauen – 17 **effondré**
niedergeschlagen – 21 **mener qn en bateau** *fig* mentir à qn et le manipuler

– Il est rentré il y a quelques heures et il paraît qu'il s'est rendu directement au Palais-Bourbon pour voir Viviani, justement.

– Tu sais ce qu'ils ont décidé à Bruxelles ?

5   – Non. Mais les camarades de l'usine veulent aller tout à l'heure à *L'Humanité* pour voir Jaurès. Une délégation de la fédération des métaux.

– J'en suis, dit Lucien en enfilant sa veste.

Quand ils arrivent au journal, Jaurès est déjà revenu de
10 l'assemblée. Il y a là beaucoup de gens. Le Patron a une affiche jaune à la main et il lit la déclaration du bureau de l'Internationale. Contre la guerre, pour la paix. Des membres de la CGT lui racontent ce qui vient de se passer à Wagram.

– Il faut une grève très vite, camarade, disent-ils. Ce soir, le
15 gouvernement nous a trahis.

– Mais c'est impossible, répond Jaurès. Je crois encore en Viviani. Il m'a assuré que les troupes françaises resteront à plus de dix kilomètres des frontières. Je suis certain qu'il fait tout ce qu'il peut pour la paix. Il faut juste attendre le 9 août.

20 – Et Poincaré ? Es-tu aussi sûr de lui, citoyen ? Et que se passera-t-il si l'Allemagne mobilise quand même ? Ce sera facile alors pour ton Viviani de dire qu'il va à la guerre parce qu'il y est obligé ! Non, non, il faut la grève tout de suite ! Dès le 2 août !

25 – Mais nos camarades allemands ? répond Jaurès, ne voyez-vous pas qu'il faut la grève dans nos deux pays en même temps pour arrêter les choses ? Faites juste confiance à Viviani pour faire durer un peu. Le 9 août n'est que dans dix jours. Cela nous laissera le temps de bien organiser la grève.

30 Ils l'écoutent tous. On sent que Jaurès commence à en convaincre certains, qui se font moins véhéments. Ils ont envie de le croire. Il les apaise. Sa voix est encore plus tonnante que d'ordinaire, pleine d'angoisse mais de force aussi.

2 **le Palais-Bourbon** là où se réunit l'Assemblée nationale – 8 **j'en suis** ich bin dabei –
32 **tonnant** dröhnend

Allons, camarades, il faut à tout prix préserver la classe ouvrière de la panique et de l'affolement. Après quelques minutes de négociation, c'est dit : la CGT attendra le 9 août. Pendant que Lucien et Mallavec repartent vers la Gaîté, Jaurès
5   va dîner au Coq d'Or. Il y a beaucoup de bruit, des chansons. On le regarde. Des journalistes présents ricanent. Puis il repasse quelques heures au journal pour rédiger l'éditorial du lendemain, qu'il intitule : « Sang-froid nécessaire ». Il boit un dernier verre au café du Croissant avec son ami Landrieu.
10 Jaurès est très abattu. Il a réussi à convaincre la CGT et il veut croire encore dans la bonne foi du gouvernement français, mais il a des doutes. La nuit est lourde. Elle sera longue.

– À présent, il faut nous attendre à être assassinés au coin d'une rue, dit-il à Landrieu en montant dans un taxi.
15 Mais aucun des deux ne remarque la silhouette d'un jeune homme, qui les suit. Raoul Villain, tout juste arrivé de Reims, vient repérer les lieux et le visage de l'homme qu'il a décidé d'assassiner.

---

2 **l'affolement** *m* une nervosité telle qu'on devient comme fou – 6 **ricaner** rire bêtement – 8 **le sang-froid** le fait de rester calme – 11 **la bonne foi de qn** la sincérité de qn – 17 **repérer les lieux** observer un endroit avant d'y faire qc

Chapitre 22

– J'ai une course à faire, dit Suzanne à Lucien au matin du
31 juillet.

Lucien ne pose aucune question. C'est une chose
5 importante entre eux de ne pas poser trop de questions. Elle
prend son vélo et elle part dans le petit matin qui s'annonce
très chaud. On est presque au mois d'août. Les maisons
bourgeoises dorment encore mais les marchés sont déjà bien
actifs. On pourrait croire que tout est normal.

10 Suzanne pédale avec difficulté. Elle a mal au dos, dans les
bras, dans le cou.

– La maladie a touché les os à présent, a dit le docteur, on
n'y peut plus rien.

Normal ? pense Suzanne. Alors ce serait normal de
15 souffrir toute sa vie ? Pour naître, bien sûr. Mais la suite ?
L'apprentissage à dix ans, les nuits qui n'en finissent pas, pour
un salaire de misère, et une vie de travail qui vous dévore
l'âme et les os, avec le seul plaisir d'un rosier au fond d'une
cour… Ce serait normal tout cela ? Et les trois petits qu'elle
20 a portés tour à tour, et qui n'ont jamais voulu venir, c'étaient
pourtant des petits d'amour, et ça laissait tout juste le temps à
Lucien de mettre la main sur son ventre pour rêver d'un gosse
à emmener sur son train. Ce serait normal ? Suzanne est en
nage mais elle est en colère aussi. Il faut que j'y arrive, pense-t-
25 elle, c'est la dernière chose importante que j'ai à faire.

---

2 **avoir une course à faire** etw zu erledigen haben – 12 **toucher** *ici* : erreichen – 17 **un
salaire** l'argent qu'on gagne en travaillant – 17 **dévorer qc** *fig* manger et détruire qc

Elle s'arrête une première fois à Montparnasse, c'est pourtant à deux pas de la Gaîté, mais elle souffre déjà tellement qu'elle doit s'asseoir un moment sur le trottoir.

Allons, ma fille, montre-leur un peu ce qu'est le courage…

5 Elle repart, sourit à un petit garçon qui passe, et file d'un trait jusqu'aux Invalides. Elle pédale en regardant le toit d'or du tombeau de Napoléon, qui brille dans le soleil. Pour se donner de la force, elle pense aux grognards pendant la campagne de Russie, elle pense à Gavroche sur les barricades… Elle pleure.

10 Cette fois, la peine est trop dure. Peut-être vais-je mourir aujourd'hui ? Peut-être est-il déjà écrit que je n'y arriverai jamais ? Toute chose est-elle déjà écrite quelque part ?

Elle ne croit pas au bon Dieu et encore moins à ses curés. Mais y a-t-il tout de même quelque chose quelque part ?

15 À présent, Suzanne avance comme dans un rêve. Vais-je vraiment disparaître complètement ? Ne resterait-il rien de notre bel amour avec Lucien ? À chaque coup de pédale, elle pousse un petit cri de douleur sans s'en rendre compte. À chaque tour de roue, sa vie défile un peu plus vite. Elle est

20 revenue à l'enfance. De quelle couleur étaient donc les yeux de ma mère ? Elle essaie de se souvenir du visage de ses parents. Son père, elle le connaissait à peine et, à cause de la mine, son visage était toujours sombre. Suzanne se souvient surtout de la forme de ses mains, épaisses et noires. Elle pleure. Mais elle

25 pense aussi à Lucien, à Paul, à Catherine, à tous les autres… Alors elle continue, elle s'accroche encore et elle passe enfin la Seine. Elle est minuscule face aux puissances du monde, mais son courage est immense. Épuisée, presque vaincue, perdue dans sa fièvre, perdue dans son histoire, elle arrive enfin là où

30 elle voulait aller. Les fenêtres en haut sont allumées, comme Paul le lui a raconté. Il est là. Il est seul.

Suzanne est venue voir Jaurès avant de mourir.

---

5 **d'un trait** sans pause – 7 **un tombeau** Grabmal – 8 **un grognard** un soldat de Napoléon – 9 **Gavroche** *personnage de petit garçon parisien dans* Les Misérables *de Victor Hugo* – 10 **une peine** une grande tristesse – 19 **sa vie défile** elle voit toute l'histoire de sa vie – 23 **sombre** *ici :* qui ne sourit pas, triste

Chapitre 23

Il comprend immédiatement.

– Asseyez-vous… Reposez-vous…

Il essuie la table basse avec sa manche, pousse quelques
5 piles de livres, lui apporte un verre d'eau, lui prépare un peu
de thé, sort quelques gâteaux. Elle a l'air d'une vieille femme
et elle est pourtant encore si belle. Jaurès comprend et ressent
tout cela immédiatement. Elle n'a pas besoin de lui expliquer.
C'est le peuple qui vient à lui. Il s'assoit en face d'elle pour
10 l'écouter.

– Je vais mourir, lui dit Suzanne, je vais mourir bientôt, peut-
être cette semaine, peut-être un peu plus tard. Je ne l'ai dit à
personne, je ne veux pas qu'ils soient malheureux à l'avance.
Je suis une amie de Mallavec.

15 Moi aussi, pense Jaurès, je vais sans doute mourir bientôt.
Je ne sais pas comment ni quand mais je sais pourquoi. Je
vais mourir de la haine des autres et de ma haine de la guerre.
Allons, allons, se dit-il, cesse donc avec tes pensées noires.
Depuis quelques jours, des voix étranges lui parlent de tout ce
20 qu'il n'a pas fait dans sa vie, des voix étranges lui parlent de sa
mort.

– Je voulais vous voir avant, dit encore Suzanne. Et puis j'ai
quelque chose à vous donner.

– Que puis-je faire pour vous ? Dites-moi… comment vous
25 aider ?

---

3 **se reposer** sich ausruhen – 4 **essuyer** *ici* : nettoyer un peu – 5 **une pile** Stapel

Jaurès se penche vers elle et lui saisit les mains. Elles sont brûlantes. Mon Dieu, cette femme est en train de mourir, c'est vrai. Et il attend qu'elle lui parle.

– C'était si long pour venir, murmure-t-elle enfin. C'était si
5   dur.

– Pourquoi êtes-vous là ? demande Jaurès, tout doucement, et il se retient pour ne pas lui caresser la main.

– Vous savez, dit-elle enfin après un long silence. Je ne suis pas venue ici pour moi. C'est pour vous que je suis là.
10 Je voulais vous voir. Vous parler. C'est à cause de Paul. Il m'a raconté ses visites.

– Le jeune Paul ?

Et malgré lui, Jaurès sourit parce qu'il pense au garçon et à tout le soleil qu'il a amené avec lui dans son appartement.
15 Penser à Paul, c'est comme penser à l'amour, c'est parler de la vie.

– Et puis c'est à cause de Lucien et de tous les autres.

– Les autres ?

Suzanne a du mal à s'exprimer. Elle a encore le souffle court
20 et surtout ce cœur qui ne veut pas s'arrêter de battre trop vite… Quand elle dit Lucien et tous les autres, elle veut parler des hommes qu'elle aime, mais c'est difficile à expliquer en une seule phrase. Alors elle regarde Jaurès, elle lui sourit et il comprend. Oui… les autres.
25 – C'est à cause de la guerre, dit-elle enfin en baissant la voix plus encore, et Jaurès lâche alors la main de Suzanne comme si ce mot lui avait coupé le tendon du poignet.

– La guerre, répète-t-il pour empêcher la phrase de résonner trop longtemps.
30 – Je suis venue vous dire que nous n'avons que vous mais que vous n'êtes pas seul. Nous sommes tous là, derrière vous, devant, à côté. Je pense à vous à chaque heure du jour et je voulais vous voir pour vous le dire. C'est pour nous que vous

---

19 **avoir du mal à faire qc** ne presque pas réussir à faire qc – 27 **un tendon** Sehne

vous battez. On le sait bien, va. Pour les pauvres gens. On ne vous lâchera jamais. On ne vous oubliera jamais.

Jaurès n'ose plus la regarder. Il a envie de pleurer comme un gosse. Moi aussi, je vous aime, pense-t-il. Je vous aime

5 tous. Il a envie de pleurer et il pense à son bel amour pour Marie-Paule et aux choix qu'on fait parfois sans le savoir. Il se demande si sa vie aurait pu être différente. Et si nous étions partis tous les deux ? On serait allés à New York. J'aurais pu être avocat, nous aurions eu plusieurs enfants… Est-ce qu'on

10 se serait aimés assez longtemps ? Il ferme les yeux et il se souvient des grains de beauté qu'elle avait sur les avant-bras et dont elle disait que ce n'était pas joli. Il se souvient de sa voix, des deux fossettes sur ses joues quand elle riait. « Jean, Jean, nous partirons ensemble, n'est-ce pas ? » Il avait promis, elle

15 aussi, et il lui avait tressé une alliance avec des herbes sèches.

– Nous ne vous laisserons jamais, répète Suzanne. Elle le regarde, mais Jaurès est perdu dans ses pensées. Il tremble un peu. Il se demande s'il a jamais vraiment aimé sa femme, et si sa fille a compris tout cela. Tout se trouble autour de lui… Il se

20 demande aussi ce qu'est l'amour.

Mais j'aime la France ! pense-t-il soudain, et cette seule petite pensée est comme le premier pas d'un aveugle. Cela, au moins, est une certitude.

Il regarde Suzanne à nouveau. Ils se sourient. Paul a raison,

25 ils se ressemblent tous les deux. Ils sont l'avenir du monde.

Et puis j'aime le peuple et les mains rudes des ouvriers et les regards confiants de leurs enfants… Et j'aime les arbres, la couleur du ciel et certaines ombres le matin. Mais est-ce de l'amour, tout cela ?

30 « Oui, bien sûr ! » répondait l'abbé Séjal, quand le jeune Jean lui posait ce genre de question. « Bien sûr que c'est de l'amour ! Et moi alors ! Moi qui vois l'œuvre de Dieu dans

---

9 **un avocat** Anwalt – 11 **un grain de beauté** Muttermal – 13 **une fossette** Grübchen –
15 **tresser** flechten – 15 **une alliance** Ehering – 19 **se troubler** devenir moins clair –
26 **rude** *ici :* fort

chaque feuille et dans chaque trace d'étoile ! Tout cela ne
remplacerait donc pas le regard d'une femme ? » Le vieil abbé
souriait avec ses mains et ses yeux, et l'ombre de la sacristie
était fraîche. Il n'avait pas de doutes. Il avait toujours continué
5 sa route sans fléchir, certain non pas seulement de Dieu,
mais aussi de la bonté des hommes. Tous les gosses du village
pleuraient quand il est mort. Jaurès sourit en pensant à lui.
Oui, l'amour des autres peut remplacer bien des choses.
    Et puis j'aime aussi la vie… Je crois à la vie ! Je ne me suis
10 pas battu pour garder Marie-Paule, mais je vais me battre pour
eux et pour cette femme qui est venue à moi et qui est en train
de mourir. Alors, cette fois, Jaurès tremble de joie et de toute
cette force revenue. Il pleure enfin, et Suzanne aussi. Il sait
que demain ou dans cent ans la marche des hommes libres
15 continuera sa route malgré la guerre et l'argent. Il sait que
d'autres mots viendront après les siens, ici ou ailleurs, et après
tout, c'est la seule chose vraiment importante. Suzanne hoche
la tête. Elle connaît les misères de l'existence et elle comprend
que la solitude de cet homme-là est nécessaire.
20   – Et puis tenez, j'ai quelque chose pour vous, dit-elle,
quelque chose que je voulais vous donner. Elle ne dit pas
« avant de mourir », mais Jaurès l'entend et il comprend
qu'elle a fait cette longue route juste pour que cette chose
vienne à lui. Suzanne attend un instant, puis se lève et fouille
25 tout au fond de la poche droite de sa large jupe noire. Comme
elle est élégante, se dit-il. Elle a quelques grains de beauté sur
le poignet, au même endroit que Marie-Paule.
    – C'est pour vous, dit-elle en lui tendant une pierre blanche,
couverte de lignes grises de toutes teintes. C'est une pierre à
30 rêve, dit-elle. C'est mon ami qui me l'a offerte. Lucien. Parce
que, voyez-vous, moi j'aime rêver en cousant. Et même je rêve

---

5 **fléchir** *ici :* nachgeben – 8 **remplacer** ersetzen – 14 **une marche** une manifestation de
la foule – 17 **hocher la tête** faire oui avec la tête – 18 **les misères** *fpl* les choses tristes
et difficiles – 19 **la solitude** → seul – 24 **fouiller dans qc** chercher dans qc

toute la journée. Alors la pierre, il suffit que je la regarde pour avoir l'impression d'être au bord de la mer ou quelque chose d'aussi joli que ça. Cette pierre, je l'ai toujours dans l'atelier. Depuis longtemps. Je la pose sur mes robes pour qu'elles ne
5 glissent pas de ma table.Vous comprenez ?

Jaurès comprend. Elle vient lui donner ses rêves et lui rendre les siens. Et avec eux, la puissance d'une voix que rien n'éteindra jamais. Elle vient lui redonner le droit d'espérer et de parler d'un monde qui reste à construire.

10 – Tenez, dit-elle encore, d'une voix émue. Elle est pour vous.

Jaurès prend la pierre, la caresse un instant, la regarde et la met dans la poche de son pantalon, à côté de *L'Annonce faite à Marie*.

– Je comprends. Je vous remercie.

15 Il bafouille un peu comme quand il était enfant avec l'abbé Séjal et qu'ils se promenaient tous les deux le soir, au crépuscule, dans les vignobles frais.

Je ne vous oublierai jamais. Mais cela, en fait, il ne le dit pas.

17 **le crépuscule** la fin du jour, quand le soleil disparaît – 17 **un vignoble** Weinberg

Chapitre 24

Suzanne est revenue très tard. À la nuit. Lucien est inquiet,
ça ne lui est jamais arrivé de disparaître comme cela. Elle dit
qu'elle est allée voir l'une de ses anciennes cousettes, qui s'est
5 installée dans le XVIe.

« Lucette, tu te souviens ? » Elle dit que Lucette a un bel
atelier et qu'elle est devenue une bien jolie fille. D'ordinaire
Suzanne ne sait pas mentir, mais avec la mort qui approche,
beaucoup de choses deviennent nécessaires. Lucien la croit.
10 Oui, il se souvient de Lucette mais il voit aussi que sa Suzon
est fatiguée. Il ne comprend pas. Elle dit : « C'était loin, c'était
si loin, mon Lucien », mais en rangeant le vélo dans la cour, à
côté du rosier, elle trébuche et manque de tomber. Elle tousse
et crache un peu de sang par terre. Lucien est affolé.
15 – Qu'est-ce qui t'arrive, Suzanne ? Qu'est-ce qui s'est donc
passé aujourd'hui ?

Ce n'est rien, dit-elle. Une dent qui fait mal. Elle avale le
reste du sang qu'elle a au fond de la gorge, et en même temps
le goût âcre de sa future agonie. Je vais me coucher, dit-elle
20 doucement. Mais elle fait trois pas et ne peut aller plus loin.
Elle est juste entrée dans la cuisine, s'est appuyée sur la
table. Lucien se lève et la prend dans ses bras. Comme elle
est devenue légère, se dit-il, mais cela ne l'inquiète pas, car

---

4 **une cousette** une apprentie couturière – 13 **trébucher** rater son pas et presque
tomber – 14 **cracher** spucken – 14 **affolé** *ici :* très inquiet – 17 **une dent** Zahn – 19 **un
goût âcre** bitterer Geschmack

Suzanne a toujours été son oiseau, qui ne pèse rien dans ses
bras. Il la monte à l'étage et la couche dans leur lit. Que se
passe-t-il, Suzanne ? Elle ferme les yeux et dort déjà. En fait,
elle ne dort pas. Mais elle ne veut pas que Lucien voie ce qui
5   se passe au fond d'elle et ce qui est inscrit à présent dans son
regard. Elle ne veut pas qu'il voie comme elle a peur. Depuis
qu'elle a donné sa pierre à Jaurès, quelque chose en elle s'est
rapproché de la mort. Elle tousse à nouveau et cette fois le
sang jaillit comme d'une coupure. Elle gémit. La maladie
10 devient trop forte, elle ne peut plus la retenir. Elle se laisse
aller. Elle pleure.
    Lucien est affolé.
    – Suzanne, ma Suzon, dis-moi, qu'est-ce qui t'arrive ?
Suzanne, réponds-moi ! Attends, je vais chercher le médecin…
15 Qu'est-ce qui t'arrive, ma belle ?
    Elle l'arrête d'un geste. Reste, mon Lucien, ne me laisse pas
toute seule… Mais lui court chercher son manteau, il bafouille,
il lui apporte une bassine, une belle serviette propre, il essuie
le sang, il l'embrasse. Ma Suzanne, ma Suzanne, ma Suzon, ma
20 femme. Il lui embrasse le bout des doigts.

    – Assieds-toi, Lucien. Il faut que je te parle… Il faut que je
te dise… Il faut que je te parle de la nuit… Il faut que je te
parle de toi, de moi, de nous. Mon ami, mon bel amour, mon
compagnon, assieds-toi, cela fait si longtemps, n'est-ce pas ?
25 Personne n'y aurait cru, si longtemps, tant d'amour entre nos
draps, personne ne le sait, personne ne nous le volera. Mon
Lucien, ne me lâche pas, tiens-moi fort, garde-moi dans tes
bras, ne pars pas, je vais tout te dire, tu seras fort pour nous
deux. J'ai peur, Lucien.

---

1 **peser** wiegen – 9 **jaillir** sortir tout à coup pour un liquide – 9 **gémir** stöhnen – 18 **une
bassine** Wanne – 18 **une serviette** Handtuch – 24 **un compagnon** (Lebens)Gefährte –
26 **un drap** Bettlaken

Elle parle, elle pleure et tremble. Ne me laisse pas, Lucien. Sa tête est comme celle d'un bébé, il faut qu'il la tienne, son corps commence un long travail, et Lucien comprend enfin. Quelque chose en lui se met à hurler. Sa part de ténèbres.

5 Suzanne. Suzon. Mon bel amour. Ma vie. Mon passé. Mon avenir.

4 **les ténèbres** *fpl fig* l'obscurité – 5 **le passé** Vergangenheit

Chapitre 25

Au même moment, Paul est sous les fenêtres de Madeleine.
C'est l'une des nuits les plus chaudes de l'année. Avant de
venir rue du Pot-de-Fer, le jeune garçon est passé par le P'tit
5 Zinc et il a entendu Lucien parler avec le patron du café.

– Les boches ont déjà mobilisé ! disait celui-ci.

– C'est trop tard, mon vieux, trop tard.

– Jamais trop tard, avait bafouillé Lucien d'une voix très
basse, en allumant nerveusement une cigarette.

10 – Tu parles, il paraît qu'ils vont mobiliser cette semaine.
Et tous les jeunes aussi.

– Il est foutu, ton Jaurès. À présent, vaut mieux trinquer à la
guerre, mon pote ! Qu'elle soit courte et qu'on s'en sorte !

Paul, accoudé à l'autre bout du comptoir, les écoutait sans
15 qu'ils le remarquent. La journée avait été belle et il faisait
encore si chaud dehors, c'était incroyable ce soleil au-dessus
de la guerre et de la peur des gens. Il repensait à sa mère et à
Mallavec en train de danser sur les bords de Marne il y avait
à peine un mois. Il repensait aux sourires de Lucien et de
20 Suzanne. Quand ces temps reviendraient-ils ? Il faut que je
parte avant la guerre, pensa-t-il.

Il regarda alors autour de lui et tout lui sembla en train de
chavirer, le grand comptoir, les chaises, les tables, les hommes
attablés, leur casquette sur les genoux, la couleur des vitres,

---

10 **tu parles !** *fam* von wegen! – 12 **foutu** *fam* qui n'a plus aucune chance – 13 **un pote**
fam un ami – 23 **chavirer** tomber à la renverse – 24 **attablé** être à table

le reflet du soleil sur le zinc… Tout basculait et les lignes se brouillaient comme si la pluie tombait en biais, à l'intérieur même du café. Ses mains devinrent moites. Ai-je de la fièvre ? Ai-je aussi l'âge d'aller mourir ?

5   Il faut que je parte, se répétait-il.

    Il sortit en titubant et se dirigea vers la rue du Pot-de-Fer. Quand il arriva, le soleil commençait à tomber. Madeleine était déjà là, la fenêtre ouverte. Elle m'attend, pensa Paul. Ce n'était pas une question mais une certitude. En route, il avait
10 croisé beaucoup de gens attroupés sur les trottoirs, et l'on entendait bien qu'ils parlaient de la guerre et des mois à venir. Des affiches sur les murs aussi, qui appelaient les Français à défendre leur pays. Elle m'attend, pensa-t-il, et soudain il eut l'impression qu'ils étaient les deux seuls, dans tout Paris,
15 à ne pas vouloir se battre. Les deux seuls à ne pas accepter que le mois d'août suivrait le mois de juillet. Les ordres de mobilisation allaient être collés sur les murs d'ici quelques jours. Dans les villages, les maires étaient déjà en train de trier les noms, pour que les fils de notables échappent à la
20 conscription. Mais dans certaines fermes, tous les garçons allaient partir, et le père aussi, et les femmes se retrouveraient seules là où il faut dix bras pour faire la récolte.

    Paul n'a que quinze ans mais il sait tout cela parce que ses rêves lui permettent de voler bien au-dessus des autres.
25 Depuis quelques jours, il passe ses journées à lire des poèmes de Baudelaire. Il a compris que le monde n'est pas celui que lui décrit sa mère. Il a compris aussi que les poètes accordent peu d'importance à la réalité.

    Madeleine est à sa fenêtre, et c'est vrai, elle l'attend. Ses
30 parents sont avec des amis, en bas, dans le salon, et ils trinquent bruyamment à l'Alsace et à la Lorraine. Ce soir,

---

1 **le zinc** [zɛ̃g] *fam* Theke – 1 **basculer** kippen – 2 **en biais** ≠ droit – 3 **moite** feucht –
19 **trier** sortieren – 19 **échapper à la conscription** réussir à ne pas aller à la guerre –
27 **accorder** donner – 31 **bruyamment** → le bruit

elle veut lui parler et savoir quel est le titre de ce livre qu'il lit pendant des heures, parfois même en tournant les pages à l'envers. Elle s'approche de la fenêtre et lui fait signe. Elle veut connaître son nom, son âge, son passé, son avenir. Quelque

5 chose d'irrésistible a germé en elle. Elle ne réfléchit plus, n'existe plus qu'à moitié. Parfois, elle s'arrête au milieu d'un geste, ne sachant comment l'achever. Il n'y a plus que cette urgence, cette fenêtre, cette nuit. Le connaître enfin.

Il lui sourit. Il se lève. Il sait ce qui va se passer. Il le sait

10 depuis des semaines. Elle lui montre que la porte de la cour est ouverte, elle est redescendue sans que ses parents ne l'entendent, elle lui montre un buisson dans le jardin, l'ombre des arbres, elle se penche sur son balcon tant qu'elle peut. Ils sont complices mais pas coupables.

15 Paul s'approche. Il se faufile derrière la lourde grille et le voilà dans le jardin. Tout est si simple. Jamais je n'irai travailler avec Mallavec, pense-t-il. À présent, il est juste sous le balcon de Madeleine et ils se voient tous les deux comme ils ne se sont jamais vus. La robe de la jeune fille est légèrement

20 transparente et ses cheveux dénoués lui arrivent au bas du dos comme le premier jour. Elle se penche. Paul croit sentir son parfum mais évidemment non, c'est juste celui de l'air du soir.

– Comment vous appelez-vous ?

– Paul.

25 – Moi, c'est Madeleine.

Je sais. Toute la rue de la Gaîté le sait. Mais tu es aussi la fille d'albâtre et cela, tu ne le sais pas. Un instant, la robe glisse sur son épaule, d'un geste, elle la remet. Paul la regarde sans sourire.

30 – Vous venez souvent, n'est-ce pas ? lui dit-elle, et c'est à peine une question.

– Je viens tous les soirs.

---

2 **à l'envers** dans le mauvais sens – 5 **germer** keimen – 14 **coupable** schuldig – 15 **se faufiler** passer sans être vu – 20 **les cheveux dénoués** mit offenen Haaren – 27 **glisser** rutschen

– Depuis longtemps ?

La voix de la jeune fille tremble un peu.

Elle commence à comprendre. Elle voit le grand amour qu'il y a dans le cœur de ce garçon-là. Peu importe qu'elle soit nue
5 ou jeune ou vieille, il ne voit que son âme au travers de son corps.

– Je viens tous les soirs et je vous regarde pendant que vous vous brossez les cheveux.

Elle se tait. Elle sait. Il n'y avait pas que la nuit et les étoiles
10 dans ses rêves. Elle est un peu effrayée par la force et la vitesse de tout cela mais peu importe, le monde aussi est en train de basculer si vite. Au rez-de-chaussée, on entend le bruit des voix et des toasts des amis de son père, réunis pour fêter la guerre. À l'Alsace ! À la Lorraine ! Vive la France ! Madeleine
15 se penche encore plus, sa chemise sur son épaule glissant à nouveau, et le garçon en bas lui tend la main, ce serait si simple de la prendre. Elle oublie tout. Elle sourit. Lui aussi.

– Tu sais que cela va être la guerre ? dit Paul.

– C'est ce que dit mon père.

20 Madeleine baisse la voix, effrayée soudain qu'on l'entende ou qu'on la voie.

– Je vais partir, dit alors le garçon. Je vais partir bientôt. Je veux t'emmener.

Mais Madeleine fait comme si elle n'avait pas entendu, alors
25 il répète plus fort :

– Je vais t'emmener. Nous irons ailleurs. Là où il n'y a pas de guerre. Il faut s'en aller.

– Tu crois que ça existe, un pays comme ça ?

Madeleine sourit en parlant, mais en fait elle est déjà dans
30 le rêve de Paul. S'il le lui demande, elle partira. Elle a entendu parler de ces femmes qui se coupent les cheveux et qui manifestent pour avoir le droit de vote. Elle sait qu'en Russie ce sont les femmes qui posent des bombes. Elle sait qu'il y a

---

8 **se brosser les cheveux** se coiffer – 11 **peu importe** ce n'est pas important – 13 **être réuni(es)** être tous ensemble – 32 **le droit de vote** Wahlrecht

bien d'autres vies, à New York, à Londres, à Berlin, il y a des
femmes médecins, écrivains. Elle devine que le siècle qui
s'annonce ne sera pas comme le précédent. Ce garçon n'est
pas là par hasard. Ce soir, Madeleine est descendue pieds nus
5 dans l'herbe pour ouvrir la porte.

– Ça existe, dit Paul très lentement. Ce monde-là, il suffit de
le construire.

Et Madeleine, à la lueur de la lune, distingue enfin le titre du
livre qu'il tient dans l'autre main : *Les Fleurs du mal*.

---

3 **s'annoncer** *ici :* être en train d'arriver – 4 **pieds nus** sans chaussures – 6 **il suffit de** il
faut seulement – 9 *Les Fleurs du mal* livre de poèmes de Baudelaire

Chapitre 26

Il est déjà tard, le 31 juillet 1914.

Paul va rester toute la nuit sous les fenêtres de Madeleine. Il est perdu dans ses rêves. Ils ont décidé de s'aimer et de ne
5 jamais se quitter.

Suzanne et Lucien non plus ne se quitteront jamais. Il passe la nuit assis à côté d'elle. Il vit les choses sans les comprendre. Elle est en train de mourir.

Catherine et Mallavec sont blottis l'un contre l'autre et font
10 l'amour avec l'urgence des gens qui vont être séparés.

– Je veux t'épouser avant de partir, lui répète-t-il. Demain. Peut-être même aujourd'hui ?

– Tais-toi, idiot. Ça ne presse pas. On fera ça après la guerre.

Elle le serre contre lui, et leur amour est devenu infini, sans
15 bornes, sans méfiance, sans risques. Elle le berce comme un enfant. Elle lui parle de l'odeur des foins dans son village.

Ce jour-là, après avoir vu Suzanne, Jaurès a également reçu la visite d'un ami qu'il connaît depuis ses années d'études. Puis il décide d'aller à nouveau à l'Assemblée nationale. Mais
20 le Palais-Bourbon est dans une pagaille indescriptible.

– Les Allemands ont mobilisé ! lui crie un député socialiste qui le bouscule presque, se précipitant vers l'hémicycle. Allons, Jaurès, si les boches nous attaquent, il faudra bien répondre, cette fois !

---

9 **blottis l'un contre l'autre** aneinander gekuschelt – 13 **ça ne presse pas** ça peut attendre – 14 **infini** qui n'a pas de fin – 14 **sans bornes** *fpl* sans limites – 15 **bercer qn** wiegen – 20 **une pagaille** Durcheinander – 22 **un hémicycle** Halbkreis *(forme de la salle du Palais-Bourbon)*

– Mais non ! dit un autre. En fait les Allemands ont simplement déclaré l'état de siège ! La première dépêche a été mal traduite !

Jaurès respire. Mais chacun y va de son commentaire. C'est
5 même du côté de la gauche que l'agitation est la plus forte. Union sacrée ! entend-on. Défense de la patrie ! Défaitiste ! Pacifiste !

Jaurès décide alors d'en avoir le cœur net. Que se passe-t-il exactement au gouvernement ? À 19 heures, il est à la
10 tête d'une délégation de députés et se rend au ministère des Affaires étrangères, pour voir Viviani. Celui-ci ne peut pas le recevoir, il est avec l'ambassadeur allemand. C'est un jeune sous-secrétaire d'état qui les accueille, Abel Ferry.

– Prenez garde, lui dit Jaurès, vous avez parlé trop
15 mollement à notre allié russe. Je vous jure que si, dans de pareilles conditions, vous nous conduisez à la guerre, nous nous dresserons, nous crierons la vérité au peuple.

Ferry essaie de protester mais il admire Jaurès. Il sait aussi qu'il a raison.
20 – Vous êtes les victimes de Sazonov et d'une intrigue russe : nous allons vous dénoncer, ministres à la tête légère, dussions-nous être fusillés, reprend Jaurès.

Quand ils sortent enfin du bureau, Ferry retient l'un des députés et murmure : tout est fini, il n'y a plus rien à faire.

25 Jaurès se précipite au journal. Il est fou de colère. On l'a dupé, trompé. Et moi qui ai retenu les camarades, pense-t-il. Ai-je eu tort d'attendre ? Eh bien, pour nous aussi ce sera la

---

2 **un état de siège** Ausnahmezustand – 2 **une dépêche** un message officiel – 4 **respirer** *fig* erleichtert sein – 6 **l'Union sacrée** le fait que tous les partis se mettent d'accord en oubliant la politique – 6 **un défaitiste** qn qui pense avoir perdu avant même de commencer – 8 **en avoir le cœur net** *exp* être enfin certain – 14 **prendre garde** faire attention – 15 **mollement** sans chercher à convaincre, sans force – 16 **pareil** comme ça – 17 **se dresser** sich auflehnen – 21 **dénoncer qn** dire à tous ce que qn a fait de mal – 21 **à la tête légère** *fig* qui ne réfléchit pas – 21 **dussions-nous** *subjonctif imparfait de devoir* même si nous devons – 26 **duper qn** mentir à qn et le manipuler

guerre ! Mais une guerre d'un autre genre. Il réfléchit à son
éditorial du lendemain. Il faut quelque chose que l'histoire
retienne. Il ne s'agit plus de stratégie, de politique ou de
sang-froid. Il faut retrouver le grand cœur de Zola dans son
5 « J'accuse ». Il faut avoir les mots qui dénoncent les mensonges
et qui feront sortir les Français dans la rue, qui les retiendront
sur le chemin de la boucherie. Il faut avoir des mots plus forts
que tous ceux des politiciens, des diplomates et des colonels.
Des mots qui planent au-dessus des hommes. Parfois ce sont
10 des choses qui arrivent dans l'histoire des peuples.

   Dans la voiture, il sort la pierre à rêve de sa poche et la
contemple longuement. Toutes les lignes sont exactement
parallèles. Comme la nature est parfaite, se dit-il. Puis il pense
à Suzanne. Il sait qu'elle doit être en train de souffrir. Songer à
15 elle lui redonne le courage de mettre un pied devant l'autre, et
un mot encore, derrière tous ceux qu'il a déjà écrits. Allons…
Le journal d'abord et tous les camarades. Jean Jaurès serre la
pierre dans sa main ; elle lui parle du bruit de l'océan et des
rêves de Suzanne.

20   Au journal, c'est Renaudel qui lui ouvre la porte.
   – Patron, vous tombez bien, lui dit-il, je voudrais vous lire
quelque chose ! Une lettre que nous venons de recevoir d'un
camarade russe. Là-bas, c'est la guerre et la révolution en
même temps !

25   Jaurès écoute le contenu de la lettre puis il s'entretient
longuement avec l'administrateur du journal. Le temps passe
vite et tout le monde a faim.

   L'ambiance est grave mais ils sont heureux d'être tous là
pour affronter la tempête. Comme d'habitude, le citoyen
30 Poisson a les doigts pleins d'encre, et sa femme aussi, qui
vient souvent l'aider quand le bouclage se prolonge dans la

---

5 „J'accuse" *article véhément d'Emile Zola pour dénoncer l'Affaire Dreyfus* – 7 **une
boucherie** *fig* Schlachtfeld – 9 **planer** schweben – 21 **bien tomber** arriver juste au
bon moment – 30 **une encre** Tinte – 31 **le bouclage** le moment où on finit le prochain
journal – 31 **se prolonger** continuer longtemps

nuit. C'est leur guerre à eux. Celle des mots. Elle dure depuis longtemps déjà.

– Ah, mes amis, j'ai faim ! dit soudain Jaurès en se levant, et tous sourient car ils connaissent la gourmandise du grand homme. Cela veut dire qu'il reprend de la force et de la vie. Ne voulez-vous point aller manger à présent ?

Il est 21 h 30. Renaudel se lève et va chercher tous les manteaux. Certains veulent aller au Coq d'Or, mais Jaurès n'a pas envie. Trop de bruit. Alors ils décident d'aller au café du Croissant. Ils décident tous ensemble d'aller là où les attend Raoul Villain. La taulière a préparé une belle daube, dont on sent l'odeur jusqu'à l'autre côté de la rue. En quelques minutes, le journal est fermé et toute l'équipe installée au Croissant. Jaurès tourne le dos à la rue.

On les connaît bien, ici, et le patron sort de sa cuisine pour leur dire bonsoir. Il s'essuie les mains sur son tablier et reste un instant à causer de politique et à leur demander ce qu'on pourrait bien faire pour empêcher tout cela. Pour le dessert, Jaurès prend une tarte aux fraises. En attendant d'être servis, ils causent en buvant un peu de rouge.

Le café est animé et beaucoup de gens entrent et sortent. Comme il fait chaud, on a laissé les fenêtres ouvertes. C'est l'heure à laquelle les ouvriers viennent au comptoir. Le citoyen Dolié, un sympathisant, se lève et vient montrer une photographie en couleurs.

– Voyez, dit-il, c'est ma petite fille.

Jaurès prend la photographie et l'examine avec intérêt.

– Elle est bien jolie, dit-il avec un bon sourire. Il tend la main à Dolié et lui rend la photographie, mais à ce moment précis sa main s'arrête et, l'espace d'un instant, tout se fige. Dolié est là, en face, et l'image de sa petite fille tombe sur la

---

11 **la taulière** *fam* la patronne du café – 11 **une daube** Schmorbraten – 16 **un tablier** Schürze – 17 **causer** parler – 21 **animé** où il y a des gens, du bruit – 27 **examiner** regarder de près – 30 **tout se fige** tout s'arrête

table blanche, lentement, très lentement, entre deux verres.
Et pendant que l'image flotte encore, se dessinent dans le
front de Jaurès deux larges trous rouges, deux balles tirées par
un homme qu'on aperçoit derrière le rideau et qui s'enfuit
5 aussitôt. Un silence. Puis des cris. Le hurlement d'une femme,
c'est la citoyenne Poisson. « Ils ont tué Jaurès ! » et pendant
que la rumeur naît et se répand déjà dans Paris, Jaurès tombe
lourdement sur le côté gauche, un œil encore ouvert. Il pense
une dernière fois à sa fille, à son fils, à l'abbé Séjal, aux longues
10 soirées dans la cour de la Fédial, à sa femme, à Mérotte, à
Marie-Paule…
      On l'étend sur une table.
      Sa maison. Il pense à sa maison, le soir, dans les blés.

      Un pharmacien dont l'officine est en face du café refuse de
15 donner une ampoule pour essayer de le sauver.
      – Je ne donne rien pour cette crapule, dit-il. Un officier en
tenue de campagne, le capitaine Gérard, s'approche de la table
où Jaurès est étendu. Il décroche sa légion d'honneur et la
pose sur la poitrine du gisant.
20 Dans la précipitation, le citoyen Poisson a fait tomber la
pierre à rêve de Suzanne, qui a roulé sous le comptoir.
      Elle y est sans doute encore.

---

2 **flotter** *ici :* in der Luft schweben – 3 **une balle** Kugel – 12 **étendre qn** jdn hinlegen –
16 **une crapule** *péj* Schuft – 16 **une tenue** *f* **de campagne** uniforme pour les manœuvres
militaires – 18 **la légion d'honneur** Ehrenlegion (Verdienstorden) – 19 **la poitrine**
Brust – 19 **un gisant** un homme couché qui ne peut plus bouger – 20 **la précipitation** le
fait de faire très vite

Pourquoi Jaurès

Au Panthéon, après avoir vu la tombe de Jaurès, j'avais
acheté une carte postale du portrait que Nadar avait fait
de lui en 1892. Sur cette photo, il a un très léger sourire qui,
5 *mêlé à la gravité de ses yeux, donne la sensation d'un profond*
apaisement. La carte est sur ma table de nuit. J'ai besoin de
son regard clair. Il a toujours cru dans le mieux, le bien, ce petit
homme du Sud dont la voix portait plus haut, plus loin, plus
fort, et qui croyait, définitivement, à la noblesse de la politique.
10 *Il voulait changer les choses par la force des mots et des lois. J'ai*
envie de le croire.

Je risquais de commettre tant d'erreurs en parlant de
Jaurès. Je ne suis pas historienne et c'est donc un roman sans
autre ambition que de rendre les choses vivantes, présentes,
15 *précieuses.*
Pour la vie de Jaurès, je me suis inspirée des biographies
écrites par Madeleine Rébérioux, Jean-Pierre Rioux, Jean
Rabaut, celle de Max Gallo (auquel je dois les détails de la
dernière journée de Jaurès et ma dernière page, l'indignité du
20 *pharmacien et la belle âme du capitaine Gérard).*

---

2 **le Panthéon** célèbre monument de Paris où sont enterrées de grandes personnalités
historiques – 3 **Nadar** *(1820–1910) caricaturiste et photographe français* – 5 **la**
gravité *ici :* l'air sérieux – 8 **porter** *ici :* pouvoir être entendu – 15 **précieux** wertvoll –
19 **l'indignité** f → digne

J'avais envie de rencontrer Jaurès. C'est le vrai et intime
luxe de l'écriture : ressusciter ceux que l'on aime. Je voulais le
rencontrer pour ses idées, et lui demander s'il avait les solutions
à cette mauvaise saison de crise dans laquelle nous sommes
5 *entrés… Mais peu à peu, j'ai aimé autre chose : sa bonté, son*
empathie, son désintéressement, sa certitude que notre avenir
serait construit non pas sur la force de l'argent, mais sur la
noblesse des idées ; j'ai aimé son courage. Il me donne envie de
me lever le matin.
10 *C'est pour tout cela que ses mots survivent. Jaurès disait :*
on n'enseigne pas ce que l'on sait mais ce que l'on est. Il l'a fait
pour nous. Cohérent entre ses idées et ses actes, ses mots et sa
façon de vivre. J'ai voulu pousser sa porte dans cette atroce
semaine où il a tout compris, tout pressenti, le massacre du
15 *siècle autant que sa propre mort. J'avais envie de le rendre*
heureux une dernière fois, j'avais envie de lui parler d'amour.

Par souci de vérité historique, beaucoup de ses propres
phrases sont intégrées dans le texte ; il lisait vraiment Claudel
au moment de sa mort ; il se promenait tôt le matin ; il aimait
20 *la campagne, il aimait Marie-Paule, car cette histoire a existé*
telle que je la raconte ; il avait des migraines ; il était mal
habillé (toutes ces choses avaient si peu d'importance pour
lui), il avait des livres dans ses poches ; il avait un accent et il
époustouflait tous ses camarades de l'École normale supérieure
25 *dès qu'il prenait la parole. Enfin, il aimait passionnément les*
jeunes et leurs enseignants. Il savait que là, dans les écoles,
les collèges et les lycées, se construisait et se construit encore
l'avenir de la France. Bref, il aimait les gens. Et il les respectait
en leur parlant avec intelligence. La bonté et l'intelligence, ce
30 *qui éclaire la Politique ! L'inverse du populisme, en somme…*
En revanche, j'ai lu que sa fille était présente au moment de

---

2 **ressuciter qn** faire revivre qn qui est mort – 6 **le désintéressement** le fait de faire
qc sans rien attendre en retour – 13 **atroce** horrible – 14 **pressentir** vorahnen –
24 **époustoufler qn** jdn verblüffen – 31 **en revanche** dafür

l'attentat, mais j'avais besoin qu'il soit seul. Pardon à sa fille et pardon pour les autres erreurs ou approximations. Tout le reste vient de mes rêves : je pense encore si souvent à lui.

Et puis, il y avait la guerre de 1914. Là encore, je redoute mes
5 *imprécisions. J'ai tenté à ma mesure de raconter la grande et la petite histoire en même temps, et de progresser sur les trois questions qui me semblent les plus lancinantes. La première : les gens ont-ils conscience de ce qui se passe dans les moments de basculement historique ? Et savent-ils, quelques jours*
10 *avant une déclaration de guerre, à quel point un monde peut changer vite ? Tout paraît tellement immuable dans l'espace invisiblement clos d'une petite rue (et j'aimais bien cette rue de la Gaîté), le café, les voisins, les habitudes… Et puis, soudain, la guerre ! La deuxième question est naïve mais importante :*
15 *comment arrivent les guerres ? Comment se tissent les renversements politiques ? Quels rôles y jouent, en le sachant ou sans le savoir, les personnages plus ou moins historiques, les chefs d'État, les généraux, les parlementaires, ceux qui ont parlé, ceux qui se sont tus ? J'ai voulu rappeler qu'il y a toujours des*
20 *bons et des méchants, sans doute aussi de vrais malfaisants… Reste la dernière question, la plus importante : que faire face à l'Europe malade ? Que faut-il savoir, redouter, ne pas oublier ? Les tensions politiques naissent sournoisement de multiples fractures qui se rencontrent : économiques, démographiques ou*
25 *sociales… Elles sont encore là, rampantes et redoutables. Il faut que les habitants de toutes nos petites rues soient vigilants. Les basculements de l'histoire commencent dans les discussions de bistrot et sur les bords de Marne.*

2 **une approximation** ≠ une information précise – 4 **redouter qc** avoir un peu peur de qc – 5 **tenter de** essayer de – 7 **lancinant** stechend, eindringlich – 8 **avoir conscience de qc** se rendre compte de qc – 11 **immuable** qui ne peut et ne pourra jamais changer – 12 **clos** fermé – 15 **se tisser** *fig* sich entspinnen – 16 **un renversement** une phase où tout change radicalement – 20 **un malfaisant** qn qui fait le mal intentionnellement – 23 **sournoisement** heimtückisch – 24 **une fracture** là où qc casse – 25 **rampant** *fig* schleichend – 25 **redoutable** dont il faut avoir peur – 26 **vigilant** qui fait attention à ce qui se passe – 28 **un bistrot** un café

Pour les parties historiques, je me suis beaucoup inspirée de l'ouvrage d'Emil Ludwig, Juillet 1914 (édité pour la première fois en 1929), dans lequel j'ai rencontré la plupart des personnages cités et dont j'ai repris la chronologie des
5 *événements. Les citations historiques sont extraites de ce livre. J'ai complété cette vision par de nombreux articles sur la guerre de 1914, des éditoriaux de L'Humanité et une intense consultation d'Internet. Également, j'ai relu avec émotion Les Thibault, de Roger Martin du Gard (merci à lui pour la chanson*
10 *de Ravachol, le nom de « L'étendard » et l'ambiance à Paris de la dernière journée).*

Dans ma ville d'enfance, comme dans la vôtre, il y a une rue Jean-Jaurès, ainsi qu'un lycée, sans doute une piscine ou un hôpital du même nom. Celui-ci est inscrit dans la pierre de nos
15 *villes. Il est à nous. J'aimerais qu'il nous aide à grandir, quel que soit notre âge. « Bon Dieu ! dirait Mallavec, il est temps d'agir ! »*

Que Jaurès nous protège !

Biographie

© Julia Raimbault

Tania Sollogoub est née en 1967 à Nevers.

Dans sa famille, on compte un vétérinaire, une couturière, un éditeur, un poète, un ouvrier tourneur, un jardinier, des Russes, des Ukrainiens, des Italiens et quelques Français.

Tania, elle, a choisi le chemin de l'économie et de la littérature. Après un bac scientifique et une année de classe préparatoire à Louis-Le-Grand, elle intègre Sciences-Po Paris et termine son cursus à la Sorbonne (Paris I) en faisant un DEA en économie de la transition.

Depuis, elle accumule les expériences professionnelles en tant que chercheur en économie et enseignante, notamment à Sciences-Po Paris. Elle s'est spécialisée dans les pays d'Europe de l'est.

Sa passion de l'écriture rejoint celle de l'économie et de l'enseignement. Parlant d'elle, Tania explique : « Ma passion de l'écriture participe du même besoin de comprendre, de dire, de transmettre. Pour cela, une phrase de Jaurès m'a aidée : « On n'enseigne pas ce qu'on sait mais ce qu'on est ». Il faut donc tenter d'être sincère, malgré les institutions, les contingences, le temps qui passe, le frottement aux autres. L'économie m'aide à explorer le monde et surtout le rapport entre les individus et la marche du temps. L'enseignement m'aide à être honnête. L'écriture est ma façon d'exprimer tout cela. Mais ce qui rend les choses plus faciles, c'est qu'au fond, les gens se ressemblent plus qu'on ne le dit, qu'ils soient assis sur les bancs de nos grandes écoles, dans nos collèges de province, ou dans les fermes, où j'accompagnais mon père. Et plus je vieillis, plus j'aime l'idée qu'on puisse cultiver les bons sentiments sans mièvrerie : ils se partagent aisément et avec beaucoup de monde. Tchékhov dit : « Mon conseil : il faut penser librement, et seul en est capable celui qui ne craint pas d'écrire des sottises ». »

Bibliographie

Tania Sollogoub est l'auteure de plusieurs romans :
• En littérature jeunesse, publiés à l'école des loisirs :
Collection Médium
Le dernier ami de Jaurès (2013)
Au pays des Pierres de Lune (2011)
Les Babouins du Baobab (2009)
Il y avait un garçon de mon âge juste en dessous de chez nous
(2008)

Collection Neuf
James, le lapin qui en savait trop (2010)

• En littérature générale, publié aux éditions La Martinière :
La Maison Russe (2014)

Depuis 2012, Tania Sollogoub anime un atelier d'écriture à
Sciences Po Paris (« l'écriture du Départ »).

Liste des abréviations

≠	antonyme de
→	mot de la même famille
etw	etwas
exp	expression
f	féminin
fam	familier
fig	figuré
fpl	féminin pluriel
jdm	jemandem
jdn	jemanden
m	masculin
mpl	masculin pluriel
pop	populaire
péj	péjoratif
qc	quelque chose
qn	quelqu'un